Libro Integrado

Ejercicios de todas las asignaturas

4

PRIMARIA

Complementos escolares

LAROUSSE

Dirección editorial
Tomás García Cerezo

Editor responsable
Sergio Ávila Figueroa

Redacción
Ana Luisa Esquivel Santos, Rosamary Ruiz González, Sergio Ávila Figueroa

Diseño y formación
Estudio Creativos

Corrección
Estudio Creativos

Ilustración
Rodrigo Sáinz González, © 2020 Shutterstock, Inc.

Diseño de portada
Ediciones Larousse, S.A. de C.V., con la colaboración de Rubén Vite Maya

Ilustración de portada
© 2020 Shutterstock, Inc.

Coordinación de edición técnica
Héctor Rafael Garduño Lamadrid

Coordinación de salida y preprensa
Jesús Salas Pérez

ISBN: 978-607-21-2349-6

Libro Integrado 4 Primaria

D.R. ©MMXVI Ediciones Larousse, S.A. de C.V.
Renacimiento 180, Col. San Juan Tlihuaca, C.P. 02400
Azcapotzalco, Ciudad de México

Primera edición, febrero 2020
Segunda reimpresión: 2021

Impreso en México – *Printed in Mexico*

En Hachette Livre México usamos
materias primas de procedencia
100% sustentable

Este libro se terminó de imprimir en el mes de agosto del 2021,
en Corporativo Prográfico, S.A. de C.V., Calle Dos Núm. 257, Bodega 4,
Col. Granjas San Antonio, C.P. 09070, Alcaldía Iztapalapa, México, Ciudad de México.

Presentación

Este libro fue creado con el propósito de apoyar el proceso de aprendizaje de los estudiantes que cursan la educación primaria.

El principal objetivo de la educación es potenciar al máximo las capacidades, habilidades e inteligencias de los alumnos en el proceso de enseñanza, por lo cual, al desarrollar los contenidos del libro, se siguieron los nuevos planes y programas del actual modelo educativo, que buscan que los niños de México reciban una educación de calidad que les permita ser individuos responsables, independientes y comprometidos con su país.

Por ser un libro integrado, aborda todas las asignaturas del grado. En cada una, se presentan textos informativos con breves explicaciones de los temas, así como ejercicios y actividades que permiten encontrar sentido a lo que se aprende y vincularlo con la realidad mediante las oportunidades de aprendizaje que se encuentran en la familia, la comunidad y la escuela.

Se incluyen también hojas de repaso, que apoyan la repetición y afianzan lo aprendido.

Adicionalmente, en este grado se incluyeron ejercicios para la práctica de la correcta caligrafía.

Para promover la convivencia se presentan actividades y ejercicios que se deben trabajar en equipo o con algún compañero o familiar, integrando de esta manera al alumno dentro de su comunidad, escuela y familia.

Se tuvo especial cuidado en brindar a los alumnos ejercicios que les permitan de manera amena y dinámica profundizar y practicar los temas vistos en la escuela.

Finalmente, por ser el maestro la principal guía educativa durante la etapa escolar primaria, se le da gran importancia a la supervisión y asesoramiento de los profesores en cada ejercicio y actividad que se presentan. Para facilitar la revisión del trabajo se puso al final del libro una sección con las respuestas de todos los ejercicios.

Esperamos que este **Libro Integrado** sea de gran ayuda para todos y forme parte de la vida escolar y del crecimiento de los alumnos. En Larousse estamos comprometidos en brindar herramientas útiles para mejorar la calidad de la educación en nuestro país.

Lo mejor del año escolar

Este libro pertenece a _____

Escuela _____

Salón _____

Maestra (o) _____

En los siguientes recuadros, escribe un pensamiento cuando haya terminado cada mes. Por ejemplo, puedes decir cuál fue el tema que más te gustó aprender, qué fue lo mejor que te pasó, etcétera. Así, al final del curso, tendrás un registro de las cosas positivas del año, para que las recuerdes y conserves tu libro.

Agosto	Septiembre	Octubre
_____	_____	_____
_____	_____	_____
_____	_____	_____
_____	_____	_____
_____	_____	_____
_____	_____	_____
_____	_____	_____

4

Noviembre

_____
_____
_____
_____
_____
_____

Diciembre

_____
_____
_____
_____
_____
_____

Enero

_____
_____
_____
_____
_____
_____

Febrero

_____
_____
_____
_____
_____
_____
_____

Marzo

_____
_____
_____
_____
_____
_____
_____

Abril

_____
_____
_____
_____
_____
_____
_____

Mayo

_____
_____
_____
_____
_____
_____
_____

Junio

_____
_____
_____
_____
_____
_____
_____

Julio

_____
_____
_____
_____
_____
_____
_____

Indicador de asignatura

Título
Es descriptivo; nos dice cuál es el tema que vamos a trabajar.

Aprendizaje esperado
Está tomado literalmente del programa de la SEP y nos dice lo que vamos a aprender con esta lección.

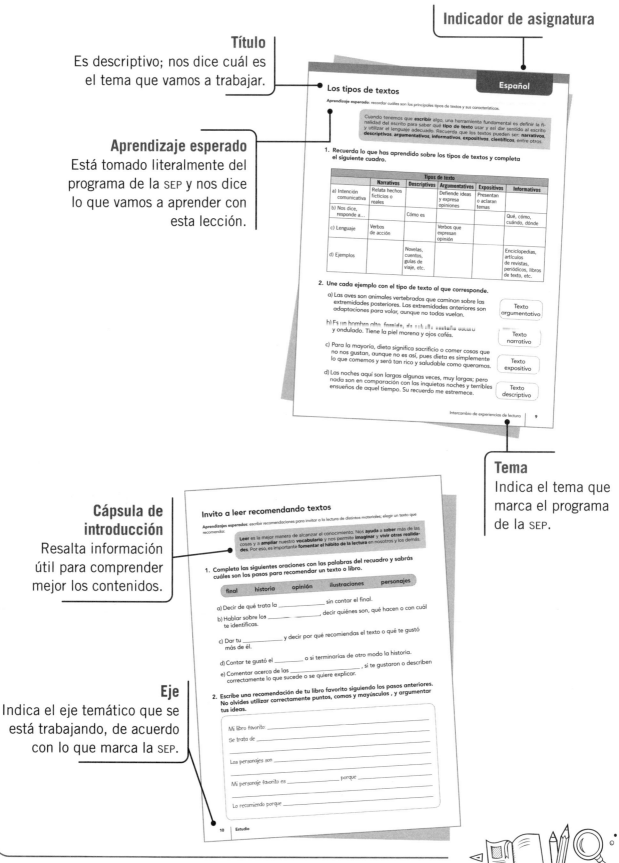

Español

Los tipos de textos

Aprendizaje esperado: recordar cuáles son los principales tipos de textos y sus características.

Cuando tenemos que **escribir** algo, una herramienta fundamental es definir la finalidad del escrito para saber qué **tipo de texto** usar y así dar sentido al escrito y utilizar el lenguaje adecuado. Recuerda que los textos pueden ser: **narrativos, descriptivos, argumentativos, informativos, expositivos, científicos,** entre otros.

1. Recuerda lo que has aprendido sobre los tipos de textos y completa el siguiente cuadro.

	Tipos de texto				
	Narrativos	Descriptivos	Argumentativos	Expositivos	Informativos
a) Intención comunicativa	Relata hechos ficticios o reales		Defiende ideas y expresa opiniones	Presentan o aclaran temas	
b) Nos dice, responde a...		Cómo es			Qué, cómo, cuándo, dónde
c) Lenguaje	Verbos de acción		Verbos que expresan opinión		
d) Ejemplos		Novelas, cuentos, guías de viaje, etc.			Enciclopedias, artículos de revistas, periódicos, libros de texto, etc.

2. Une cada ejemplo con el tipo de texto al que corresponde.

a) Las aves son animales vertebrados que caminan sobre las extremidades posteriores. Las extremidades anteriores son adaptaciones para volar, aunque no todas vuelen.

Texto argumentativo

b) Es un hombre alto, fornido, de cabello castaño oscuro y ondulado. Tiene la piel morena y ojos cafés.

Texto narrativo

c) Para la mayoría, dieta significa sacrificio o comer cosas que no nos gustan, aunque no es así, pues dieta es simplemente lo que comemos y será tan rico y saludable como queramos.

Texto expositivo

d) Las noches aquí son largas algunas veces, muy largas; pero nada son en comparación con las inquietas noches y terribles ensueños de aquel tiempo. Su recuerdo me estremece.

Texto descriptivo

Intercambio de experiencias de lectura   9

Tema
Indica el tema que marca el programa de la SEP.

Cápsula de introducción
Resalta información útil para comprender mejor los contenidos.

Invito a leer recomendando textos

Aprendizajes esperados: escribir recomendaciones para invitar a la lectura de distintos materiales; elegir un texto que recomendar.

Leer es la mejor manera de alcanzar el conocimiento. Nos **ayuda** a **saber** más de las cosas y a **ampliar** nuestro **vocabulario** y nos permite **imaginar** y **vivir otras realidades.** Por eso, es importante **fomentar el hábito de la lectura** en nosotros y los demás.

1. Completa las siguientes oraciones con las palabras del recuadro y sabrás cuáles son los pasos para recomendar un texto o libro.

final	historia	opinión	ilustraciones	personajes

a) Decir de qué trata la _____ sin contar el final.

b) Hablar sobre los _____, decir quiénes son, qué hacen o con cuál te identificas.

c) Dar tu _____ y decir por qué recomiendas el texto o qué te gustó más de él.

d) Contar te gustó el _____ o si terminarías de otro modo la historia.

e) Comentar acerca de las _____, si te gustaron o describen correctamente lo que sucede o se quiere explicar.

2. Escribe una recomendación de tu libro favorito siguiendo los pasos anteriores. No olvides utilizar correctamente puntos, comas y mayúsculas , y argumentar tus ideas.

Mi libro favorito: _____

Se trata de _____

Los personajes son _____

Mi personaje favorito es _____ porque _____

Lo recomiendo porque _____

10   Estudio

Eje
Indica el eje temático que se está trabajando, de acuerdo con lo que marca la SEP.

Repaso

En todas las asignaturas se incluyen momentos de repaso que obligan a los alumnos a volver sobre lo visto para reforzar el aprendizaje.

Ejercicio

Instrucciones claras para resolver cada ejercicio. Se buscó que éstos fueran ágiles y entretenidos para que el aprendizaje sea significativo.

Respuestas

Hace más fácil que los docentes y padres de familia comprueben los resultados.

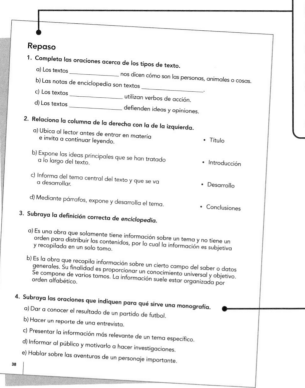

Repaso

1. Completa las oraciones acerca de los tipos de texto.

a) Los textos _____ nos dicen cómo son las personas, animales o cosas.

b) Las notas de enciclopedia son textos _____.

c) Los textos _____ utilizan verbos de acción.

d) Los textos _____ defienden ideas y opiniones.

2. Relaciona la columna de la derecha con la de la izquierda.

a) Ubica al lector antes de entrar en materia e invita a continuar leyendo. • Título

b) Expone las ideas principales que se han tratado a lo largo del texto. • Introducción

c) Informa del tema central del texto y que se va a desarrollar. • Desarrollo

d) Mediante párrafos, expone y desarrolla el tema. • Conclusiones

3. Subraya la definición correcta de *enciclopedia*.

a) Es una obra que solamente tiene información sobre un tema y no tiene un orden para distribuir los contenidos, por lo cual la información es subjetiva y recopilada en un solo tomo.

b) Es la obra que recopila información sobre un cierto campo del saber o datos generales. Su finalidad es proporcionar un conocimiento universal y objetivo. Se compone de varios tomos. La información suele estar organizada por orden alfabético.

4. Subraya las oraciones que indiquen para qué sirve una monografía.

a) Dar a conocer el resultado de un partido de futbol.

b) Hacer un reporte de una entrevista.

c) Presentar la información más relevante de un tema específico.

d) Informar al público y motivarlo a hacer investigaciones.

e) Hablar sobre las aventuras de un personaje importante.

38

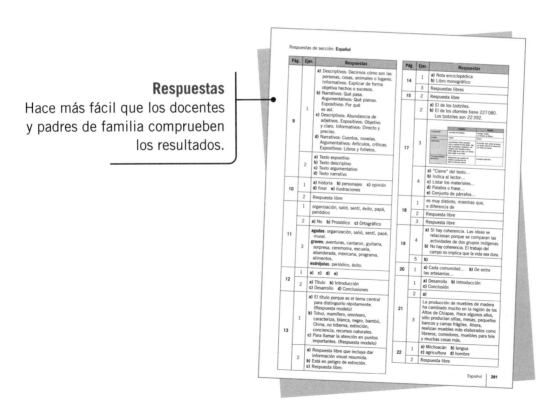

Respuestas de sección: **Español**

Pág.	Ejer.	Respuestas
9	1	a) Descriptivos: Decirnos cómo son las personas, cosas, animales o lugares. Informativos: Explicar de forma objetiva hechos o sucesos. b) Narrativos: Qué pasa. Argumentativos: Qué pienso. Expositivos: Por qué es así. c) Descriptivos: Abundancia de adjetivos. Expositivos: Objetivo y claro. Informativos: Directo y preciso. d) Narrativas: Cuentos, novelas. Argumentativas: Artículos, críticas. Expositivas: Libros y folletos.
	2	a) Texto expositivo b) Texto descriptivo c) Texto argumentativo d) Texto narrativo
10	1	a) historia b) personajes c) opinión d) final e) ilustraciones
	2	Respuesta libre
11	1	organización, salió, sentí, éxito, papá, periódico
	2	a) No b) Prosódico c) Ortográfico
	3	**agudas:** organización, salió, sentí, papá, mural. **graves:** aventuras, cantaron, guitarra, sorpresa, ceremonia, escuela, abanderada, mexicana, programa, alimentos. **esdrújulas:** periódico, éxito.
12	1	a) c) d) e)
	2	a) Título b) Introducción c) Desarrollo d) Conclusiones
13	1	a) El título porque es el tema central para distinguirlo rápidamente. (Respuesta modelo) b) Tohuí, mamífero, omnívoro, caracteriza, blanca, negro, bambú, China, no hiberna, extinción, conciencia, recursos naturales. c) Para llamar la atención en puntos importantes. (Respuesta modelo)
	2	a) Respuesta libre que incluya dar información visual resumida. b) Está en peligro de extinción. c) Respuesta libre.

Pág.	Ejer.	Respuestas
14	1	a) Nota enciclopédica b) Libro monográfico
	3	Respuestas libres
15	2	Respuesta libre
17	2	a) El de los tzotziles. b) El de los otomíes tiene 227 080. Los tzotziles son 22 392.
	3	(tabla)
18	4	a) "Cierre" del texto… b) Indica al lector… c) Listar los materiales… d) Palabra o frase… e) Conjunto de párrafos…
	1	es muy distinto, mientras que, a diferencia de
	2	Respuesta libre
	3	Respuesta libre
19	4	a) Sí hay coherencia. Las ideas se relacionan porque se comparan las actividades de dos grupos indígenas. b) No hay coherencia. El trabajo del campo no implica que la vida sea dura.
	5	b)
20	1	a) Cada comunidad… b) De entre las artesanías.
21	1	a) Desarrollo b) Introducción c) Conclusión
	2	a)
	3	La producción de muebles de madera ha cambiado mucho en la región de los Altos de Chiapas. Hace algunos años, sólo producían sillas, mesas, pequeños bancos y camas frágiles. Ahora, realizan muebles más elaborados como libreros, comedores, muebles para tele y muchas cosas más.
22	1	a) Michoacán b) lengua c) agricultura d) hombre
	2	Respuesta libre

Español **281**

Contenido

Los tipos de textos

Aprendizaje esperado: recordar cuáles son los principales tipos de textos y sus características.

> Cuando tenemos que **escribir** algo, una herramienta fundamental es definir la finalidad del escrito para saber qué **tipo de texto** usar y así dar sentido al escrito y utilizar el lenguaje adecuado. Recuerda que los textos pueden ser: **narrativos**, **descriptivos**, **argumentativos**, **informativos**, **expositivos**, **científicos**, entre otros.

1. **Recuerda lo que has aprendido sobre los tipos de textos y completa el siguiente cuadro.**

Tipos de texto					
	Narrativos	**Descriptivos**	**Argumentativos**	**Expositivos**	**Informativos**
a) Intención comunicativa	Relata hechos ficticios o reales		Defiende ideas y expresa opiniones	Presentan o aclaran temas	
b) Nos dice, responde a…		Cómo es			Qué, cómo, cuándo, dónde
c) Lenguaje	Verbos de acción		Verbos que expresan opinión		
d) Ejemplos		Novelas, cuentos, guías de viaje, etc.			Enciclopedias, artículos de revistas, periódicos, libros de texto, etc.

2. **Une cada ejemplo con el tipo de texto al que corresponde.**

a) Las aves son animales vertebrados que caminan sobre las extremidades posteriores. Las extremidades anteriores son adaptaciones para volar, aunque no todas vuelan.

Texto argumentativo

b) Es un hombre alto, fornido, de cabello castaño oscuro y ondulado. Tiene la piel morena y ojos cafés.

Texto narrativo

c) Para la mayoría, dieta significa sacrificio o comer cosas que no nos gustan, aunque no es así, pues dieta es simplemente lo que comemos y será tan rico y saludable como queramos.

Texto expositivo

d) Las noches aquí son largas algunas veces, muy largas; pero nada son en comparación con las inquietas noches y terribles ensueños de aquel tiempo. Su recuerdo me estremece.

Texto descriptivo

Invito a leer recomendando textos

Aprendizajes esperados: escribir recomendaciones para invitar a la lectura de distintos materiales; elegir un texto que recomendar.

> **Leer** es la mejor manera de alcanzar el conocimiento. Nos **ayuda** a **saber** más de las cosas y a **ampliar** nuestro **vocabulario** y nos permite **imaginar** y **vivir otras realidades**. Por eso, es importante **fomentar el hábito de la lectura** en nosotros y los demás.

1. **Completa las siguientes oraciones con las palabras del recuadro y sabrás cuáles son los pasos para recomendar un texto o libro.**

> final   historia   opinión   ilustraciones   personajes

a) Decir de qué trata la _____ sin contar el final.

b) Hablar sobre los _____, decir quiénes son, qué hacen o con cuál te identificas.

c) Dar tu _____ y decir por qué recomiendas el texto o qué te gustó más de él.

d) Contar te gustó el _____ o si terminarías de otro modo la historia.

e) Comentar acerca de las _____ , si te gustaron o describen correctamente lo que sucede o se quiere explicar.

2. **Escribe una recomendación de tu libro favorito siguiendo los pasos anteriores. No olvides utilizar correctamente puntos, comas y mayúsculas , y argumentar tus ideas.**

Mi libro favorito: _____

Se trata de _____

_____

Los personajes son _____

_____

Mi personaje favorito es _____ porque _____

_____

Lo recomiendo porque _____

Reglas de acentuación

Aprendizajes esperados: recordar las reglas de acentuación de las palabras agudas, graves y esdrújulas; distinguir entre acento gráfico y acento prosódico.

> Las palabras son **agudas** si la sílaba tónica es la última (*mar-fil*, *con-tes-tó*). Las palabras **graves** o **llanas** son aquellas cuya sílaba tónica es la penúltima (*ca-sa*, *más-til*). Las palabras cuya sílaba tónica es la antepenúltima se llaman **esdrújulas** (*má-qui-na*). Las palabras esdrújulas siempre llevan el acento escrito.

1. Lee las siguientes palabras y escribe con rojo los acentos que hacen falta.

organizacion	exito	mañanita
salio	sorpresa	mexicana
senti	ceremonia	programa
aventuras	papa	periodico
cantaron	escuela	mural
guitarra	abanderada	alimentos

2. Responde las preguntas.

a) ¿Todas las palabras llevan el acento escrito? _____

b) ¿Cómo se llama el acento que no se escribe y sólo se pronuncia? _____

c) ¿Cómo se llama el acento que sí se escribe? _____

3. Ordena las palabras de arriba de acuerdo con su acentuación.

Palabras agudas	Palabras graves	Palabras esdrújulas
_____	_____	_____
_____	_____	_____
_____	_____	_____
_____	_____	_____
_____	_____	_____

Textos informativos breves

Aprendizajes esperados; leer textos informativos breves; familiarizarse con la organización de materiales informativos; considerar los datos de la portada para hacer predicciones acerca del contenido.

> El **texto informativo breve** es un escrito corto y sencillo de fácil entendimiento que tiene la **finalidad** de **dar a conocer** hechos, situaciones y cifras actuales o del pasado. Su **estructura y lenguaje** deben ser **claros, sencillos y resumidos** sin dar puntos de vista e interpretación de los hechos. Los encontramos en periódicos, revistas, enciclopedias, etc.

1. Marca con una ✗ las fuentes en las que puedes encontrar textos informativos breves.

 a)

 b)

c)

d)

e)

f)

2. Escribe junto a cada parte del texto informativo su nombre.

a) **El oso panda**   ⟶ _____

b) ¿Has oído hablar de **Tohui**? Es el nombre del *primer panda* en nacer y sobrevivir en cautiverio fuera de China, y vivió aquí en México. Quizá sí has oído hablar de él o de los pandas. ¿Te gustaría saber más de ellos?   ⟶ _____

c) El panda es un **mamífero omnívoro** que se **caracteriza** por su coloración *blanca* y *negra*, y su afición al bambú como alimento. Vive en las zonas montañosas de **China** y el Tíbet en los bosques de bambú. **No hiberna** como otros osos durante el invierno, pero sí desciende a lugares más bajos durante la época de más frío. La destrucción de su hábitat y la caza desmesurada son las causas de que esté en peligro de extinción.   ⟶ _____

d) En China, se castiga a quien dañe al panda o su hábitat. Es necesario tener **conciencia** de cuidar los **recursos naturales** de todo el mundo para que ninguna especie desaparezca.   ⟶ _____

Organizamos los textos

Aprendizajes esperados: interpretar elementos que organizan el contenido; comprender la información contenida en cuadros, diagramas y esquemas de resumen sencillos y reflexionar sobre su uso.

1. Observa el texto de la página anterior y responde las siguientes preguntas.

a) ¿Qué parte del texto tiene la letra más grande? ¿Por qué? _____

_____

b) ¿Hay algunas palabras resaltadas o escritas de diferente manera? Escríbelas en los renglones. _____

_____

c) ¿Para qué crees que las pusieron así? _____

_____

2. Lee y observa los siguientes cuadros y responde.

a) ¿Para qué crees que sirva utilizar cuadros como éstos en un texto informativo?

_____

_____

b) Escribe lo que entiendes acerca del estado de conservación del panda al leer el cuadro.

_____

_____

c) Escribe un resumen del oso panda. Utiliza el cuadro de la derecha como guía.

_____

_____

Escribir para exponer

Aprendizajes esperados: conocer la estructura y función de los textos expositivos (notas de enciclopedia, artículos de revista, libro monográfico, etc.); identificardentifica la organización de una enciclopedia para localizar información.

1. **Lee los siguientes fragmentos y señala qué tipo de texto expositivo es: nota enciclopédica, artículo de revista o libro monográfico.**

a)
> **libro.** (Del lat. *liber, libri*).
> 1. m. Conjunto de muchas hojas de papel u otro material semejante que, encuadernadas, forman un volumen.

b)
> *Índice*
> Historia del libro en Egipto 15
> Los griegos y el alfabeto 25
> Las primeras imprentas.........................28

Tipo de texto: _____

Tipo de texto: _____

2. **De acuerdo con lo que sabes o has leído sobre la lectura y escritura, escribe un comentario sobre qué pasaría si no supieras leer y escribir.**

_____

_____

_____

3. **Lee los siguientes datos y escribe un breve artículo para una revista. Complementa tu información con tu respuesta anterior y conversando con tus compañeros.**

> Título del artículo: "¿Para qué sirve leer y escribir?"
>
> Datos: De cada 10 alumnos, 8 piensan que se lee y se escribe para aprender, para informarse.

_____

_____

_____

_____

_____

¡Atrévete a opinar!

Aprendizaje esperado: participar articipa en el intercambio de opiniones con otros, de manera asertiva.

> Todos tenemos opiniones sobre lo que sabemos o lo que nos rodea y de los procesos en los que participamos. Intercambiar nuestros puntos de vista con otros nos ayuda a enriquecer la información con la que contamos, pone a prueba nuestras convicciones y nos entrena en la práctica cotidiana de argumentar y convencer en las más diversas situaciones de la vida diaria. Ten en cuenta que debemos hablar con voz clara y tratando de expresar nuestras ideas con claridad para ser entendidos.

1. **Lee el siguiente fragmento tomado de una enciclopedia.**

ALACRÁN. Animal de vida nocturna, también conocido como escorpión, representado en México por más de 30 especies. Artrópodo que pertenecen a los arácnidos, con el cuerpo dividido en cefalotórax, preabdomen y postabdomen (cola). [...] Apenas nacidos, los 30 o 40 hijos se colocan sobre el dorso de la madre; ésta deja de comer, muere a los pocos días y entonces es devorada por los pequeños. [...] El veneno que produce puede ser mortal para los niños o para los adultos débiles. El síntoma del envenenamiento es una obstrucción en la garganta; luego, siguen un acceso de asfixia y la suspensión respiratoria.

Enciclopedia de México, T.I., México, Enciclopedia de México, 3a. ed. 1977, p.185.

2. **Comenta con tus compañeros, respetando el turno para hablar.**

¿Qué impresión te causan los alacranes,? Si los consideras peligrosos, ¿qué opinas de la forma en que desaparecen los alacranes hembras después de tener hijos? De acuerdo con la información de la *Enciclopedia de México*, intercambien con tus compañeros tus opiniones sobre estos arácnidos venenosos y el papel que pueden tener en relación con el medio ambiente, y sobre si los seres humanos corremos peligro o no con estos animales.

Los textos monográficos

Aprendizajes esperados: explorar textos monográficos y analizar su función y su contenido; formular preguntas sobre un tema de interés; comprender el contenido general de un texto monográfico

> Los **textos monográficos** o **monografías** son **escritos** en los que se **realiza** una investigación en distintas fuentes para **obtener** la mayor cantidad de **información** de los aspectos más importantes de un **tema específico**, y presentarlo de manera **descriptiva** para **educar e informar** a un público determinado y motivarlo a hacer investigaciones.

1. Lee los siguientes fragmentos tomados de dos textos monográficos.

Los otomíes están localizados en los estados de Hidalgo, Puebla y el Estado de México y son de los grupos indígenas que viven en mayores condiciones de pobreza. Hay aproximadamente 227 080 habitantes de este grupo. La lengua que hablan es otomí. El hombre viste calzón de manta y la mujer viste de la misma tela con flores de colores. La escasez de recursos económicos los obliga a ser jornaleros agrícolas desde los 7 años de edad. Es por eso que muchos de ellos emigran a Estados Unidos.

http://redescolar.ilce.edu.mx/redescolar/publicaciones/
publi_mexico/publiotomaya.htm

Los tzotziles se localizan en los Altos de Chiapas. Hay aproximadamente 22 392 habitantes de dicho grupo. Su lengua es el tzotzil. Se alimentan de maíz, repollo y frijoles, entre otros. Su principal actividad es la fabricación de muebles de madera, aunque también es notable la producción de telas con la técnica del telar de cintura. Los hombres visten pantalón corto y camisa de tela tejida que les llega a las rodillas, faja roja de algodón, huaraches de cuero y sombrero de palo. Las mujeres usan huipiles cortos, falda larga color azul o roja que llega hasta la cintura y un chal o rebozo para cargar a sus hijos.

http://redescolar.ilce.edu.mx/redescolar/publicaciones/
publi_mexico/publitzotziles.htm

2. Contesta las siguientes preguntas sobre lo que has leído.

a) ¿Qué grupo indígena habita en los Altos de Chiapas?

_____

b) ¿Qué grupo indígena tiene más habitantes?

_____

3. Completa la información del siguiente cuadro según las lecturas anteriores.

	Tzotziles	Otomíes
Localización		
Lengua		
Vestimenta		
Principal actividad productiva		

4. Traza una línea para unir las partes que conforman un texto monográfico con su descripción.

a) Conclusión • Conjunto de párrafos que contienen la información del tema.

b) Introducción • "Cierre" del texto. Sintetiza la idea central o incluye una reflexión sobre lo que se ha presentado.

c) Fuentes de consulta • Palabra o frase con que se da a conocer el nombre o asunto de una obra.

d) Título • Lista los materiales consultados en la investigación del tema.

e) Desarrollo • Indica al lector lo que va a leer, y cuál es el objetivo del trabajo.

Comparando ando

Aprendizajes esperados: usar nexos para establecer comparaciones —en cambio, por otro lado, a diferencia de, al igual que, etcétera; redactar un texto expositivo de contraste.

Los **conectores comparativos** son palabras o expresiones breves que **sirven** para establecer **comparaciones** entre dos ideas. Algunos conectores son: *mientras que, igual que, a diferencia de, así, como, mejor que*, etc. Ejemplo: *Los linces son pequeños, a diferencia de los pumas*.

1. **Lee el siguiente párrafo y encierra aquellas palabras que sirvan para hacer comparaciones.**

El lugar donde habitan los tzotziles es muy distinto al de los otomíes. Los Altos de Chiapas se caracterizan por su estructura montañosa, mientras que en algunas zonas del Estado de México, Puebla e Hidalgo, las tierras son secas. A diferencia de los tzotziles, los otomíes viven rodeados de plantas con espinas, como el cactus.

2. **Une las siguientes oraciones usando algún nexo de comparación.**

a) Los otomíes utilizan plantas medicinales para la curación de enfermedades.

b) Los tzotziles, además de las plantas medicinales, también usan los fármacos modernos.

_____

_____

_____

_____

_____

_____

3. **Escribe una oración en la que compares la vestimenta de los otomíes y los tzotziles.**

_____

_____

_____

_____

_____

_____

4. **Lee los siguientes párrafos. Señala si hay coherencia o no entre las ideas expuestas y por qué.**

a) Los tzotziles tienen como principal actividad productiva la fabricación de muebles de madera, mientras que los otomíes se dedican a la agricultura.

_____

_____

b) La vida de algunos grupos otomíes es muy dura, ya que se dedican a la agricultura.

_____

_____

5. **Subraya la opción que completa adecuadamente la siguiente oración.**

Aproximadamente hay 227 080 habitantes otomíes.

a) Sin embargo, los otomíes no cuentan con servicios públicos.

b) Mientras que la población de tzotziles es de 22 932.

Las oraciones tópico

Aprendizaje esperado: distinguir las características y el uso de las oraciones tópico.

> **Oración tópico** es la que contiene la idea principal del párrafo. Puede ir al inicio, en medio o al final del párrafo, pero es más frecuente encontrarla al principio.

1. **Elige la opción que señala la oración tópico.**

a) Cada comunidad se especializa en un tipo de artesanía. Por ejemplo, los chamulas fabrican muebles de madera. Los habitantes de Larráinzar tejen bolsas de red. Las mujeres de Aguacatenango elaboran bordados.

- Cada comunidad se especializa en un tipo de artesanía.

- Las mujeres de Aguacatenango elaboran bordados.

b) De entre las artesanías, destaca la elaboración de tejidos en telar de cintura con diseños tradicionales mayas. Por ejemplo, las mujeres elaboran huipiles, camisas y servilletas.

- Por ejemplo, las mujeres elaboran huipiles, camisas y servilletas.

- De entre las artesanías, destaca la elaboración de tejidos en telar de cintura con diseños tradicionales mayas.

Hagamos una monografía

Aprendizajes esperados: elaborar párrafos de resumen coherentes para concretar la información; utilizar el punto y aparte para organizar la información; escoger imágenes apropiadas para su tema.

1. **Imagina que vas a hacer una monografía sobre los pueblos indígenas. Ordena los siguientes párrafos y escribe junto a cada uno si es la introducción, el desarrollo o la conclusión.**

   a) Los pueblos indígenas hablan más de 60 lenguas diferentes y cada grupo tiene su manera de trabajar, comer, vestir y celebrar las fiestas. Algunos pueblos son muy grandes y viven en regiones inmensas, mientras que otros son pequeños y forman una sola comunidad. _____

   b) Los pueblos indígenas de México son fundamentales para nuestra cultura, pues son el origen de nuestras tradiciones y costumbres. Por ello, debemos conocerlos para apreciarlos y saber de dónde surge el México de hoy. _____

   c) Conocer nuestros pueblos indígenas, sus orígenes y colaboración en el desarrollo de México hace que cambie nuestra visión acerca de ellos y logremos apreciarlos y valorarlos. _____

2. **Encierra en un círculo la ilustración que mejor ejemplifique los párrafos anteriores.**

   a)

   b)

   c)

3. **Revisa la puntuación, ortografía y coherencia del siguiente párrafo de la conclusión de un texto monográfico; corrígelo y escríbelo en los renglones.**

   > La producción de muebles de madera ha cambiado mucho en la región de los Altos de Chiapas Hace algunos años solo producían sillas mesas pequeños bancos y camas muy fragiles Ahora realizan más elaborados como libreros comedores, muebles para tele y muchas cosas más.

   _____

   _____

   _____

Los mapas conceptuales

Aprendizaje esperado: elaborar mapas conceptuales para localizar información específica de un tema.

Un **mapa conceptual** es un esquema de las **ideas principales** de un tema que permite **organizar** de manera **gráfica** y simplificada **los conceptos** y enunciados para reforzar el conocimiento. Se utiliza también para ordenar los temas y subtemas de una investigación.

1. Completa el siguiente mapa conceptual acerca de los purépechas. Utiliza las palabras del recuadro.

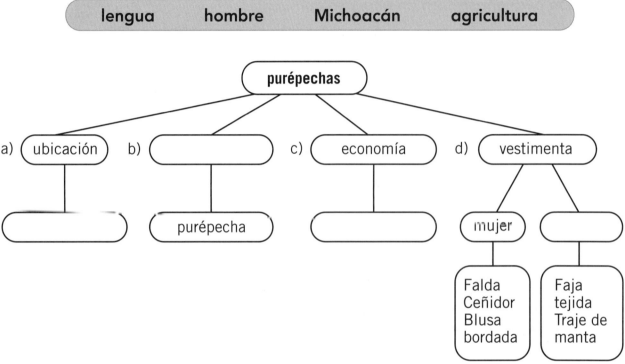

lengua   hombre   Michoacán   agricultura

purépechas

a) ubicación   b) _____   c) economía   d) vestimenta

_____   purépecha   _____   mujer   _____

Falda
Ceñidor
Blusa
bordada

Faja
tejida
Traje de
manta

2. Elabora un resumen sobre los purépechas utilizando el mapa conceptual del ejercicio anterior.

_____

_____

_____

_____

_____

_____

Uso de c en palabras con xc

Aprendizaje esperado: escribir correctamente la c en palabras que tengan las consonantes xc.

> La combinación **xc** se encuentra en palabras como *exceso, excepto, excedente, excitable* y sus derivadas.

1. Lee las oraciones y subraya las palabras que tengan las consonantes xc.

a) Aunque parezca un exceso, en esta región hay hasta dos celebraciones por día.

b) Excepto el primero de mayo, todos los días trabajamos.

c) Por ninguna razón, se desperdiciará el excedente de papel de China.

d) Este año, el mayordomo (el encargado de la fiesta) tuvo un excelente papel.

e) Algún excéntrico tuvo la ocurrencia de hacer al revés las banderas para el desfile.

2. Con ayuda de un diccionario, escribe dos palabras derivadas de las que se anotan a continuación. Usa letra cursiva.

a) exceso   _____   _____

b) excepto   _____   _____

c) excelente   _____   _____

3. Juega "Tripas de gato" con un compañero. Une con una línea las palabras que pertenezcan a la misma familia. Fíjate en el ejemplo.

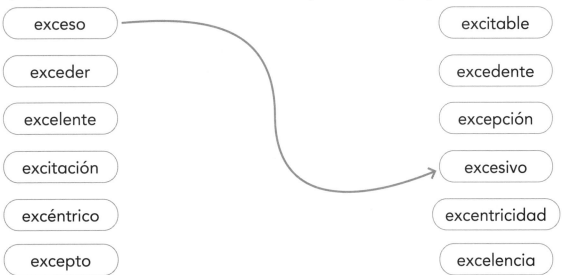

Sin preguntas, no hay investigación

Aprendizajes esperados: reconocer la utilidad de las preguntas para guiar la búsqueda de la información; recordar el uso de los signos en las oraciones interrogativas y la regla de acentuación para las mismas.

> **Recuerda:** las oraciones **interrogativas** se escriben entre **signos de interrogación (¿?)**. Las palabras **qué**, **quién**, **cómo**, **cuándo** y **dónde** llevan **acento gráfico** siempre que indiquen **pregunta**.

1. **¿Qué sabes y qué te gustaría saber sobre el tema de "Las vacunas"? Escribe preguntas que te ayuden a investigar. Observa el ejemplo.**

    a) ¿Qué? _____

    _____

    b) ¿Cómo? _____

    _____

    c) ¿Cuándo? ¿Cuándo se debe poner la primera vacuna?

    _____

    d) ¿Por qué? _____

    _____

2. **Escribe las frases con el acento y los signos de interrogación donde corresponda.**

    a) Cuanto dura la temporada de vacunación

    _____

    _____

    b) Cuando vengas, de la escuela iremos a vacunarte

    _____

    _____

    c) Que vacuna es la más importante

    _____

    _____

    d) Quien inventó las vacunas

    _____

    _____

Buscando para contestar

Aprendizajes esperados: recopilar información de diversas fuentes para preparar una exposición; examinar la información repetida, complementaria o irrelevante que encuentra en las diversas fuentes.

1. **Lee el siguiente texto y subraya de color rojo la información útil para responder las preguntas de tu investigación. Después, subraya de color verde la información irrelevante.**

¿QUÉ SON LAS VACUNAS?

Las vacunas ayudan a nuestro organismo a defenderse de los microorganismos que producen enfermedades infecciosas. Una vacuna es un virus preparado que se introduce en una persona o animal para que éste produzca las defensas necesarias contra determinada enfermedad. Se trata de un proceso en el que la persona recibe el virus, pero no se desencadena la enfermedad pues el organismo genera defensas para reconocerlo y eliminarlo.

La primera vacuna fue descubierta por Edward Jenner en 1796 y fue usada para combatir la viruela. Otras enfermedades que han sido erradicadas en algunos países gracias a las vacunas son la diarrea crónica, la rabia, el sarampión, la varicela y otras. La primera vacuna fue para proteger contra la viruela.

Picazo J. Juan y Delgado, Alfonso, *Las vacunas de los días. Guías para los padres,* Madrid, Centro de Estudios de Ciencias de la Salud, 2004 (adaptación).

2. **Escribe un resumen de la información que consideraste útil.**

_____

_____

_____

_____

_____

_____

_____

_____

¿Qué escribo y cómo lo escribo?

Aprendizajes esperados: presentar la información de manera organizada; identificar y usa recursos para mantener la cohesión y coherencia al escribir párrafos.

> Los **nexos** son palabras o frases que sirven para relacionar ideas. Ejemplos: *además, también, sin embargo, por tanto.*

1. **Escribe un párrafo con las siguientes oraciones. Utiliza nexos para unirlas.**

Idea 1. Las vacunas han disminuido los casos de infecciones.

Idea 2. La polio es una enfermedad que aún aparece en algunos países.

Idea 3. La viruela ya ha sido erradicada totalmente.

Párrafo: _____

_____

_____

_____

_____

_____

2. **Lee el siguiente párrafo. Luego subraya cuál es el problema que tiene en su redacción.**

EDWARD JENNER

La primera vacuna fue descubierta por Edward Jenner en 1796 y fue usada para combatir la viruela. Otras enfermedades que han sido erradicadas en algunos países gracias a las vacunas son la diarrea crónica, la rabia, el sarampión, la varicela y otras. La primera vacuna fue la de la viruela.

a) Está desorganizado.

b) Tiene datos repetidos.

¿Con mis palabras o con las del autor?

Aprendizajes esperados: parafrasear la información; explicar con claridad el tema, acontecimiento o situación elegida y sus protagonistas; diferenciar entre paráfrasis, cita textual o texto construido.

Cuando **redactamos** un **texto** para una exposición, podemos utilizar **tres recursos**:

1. **Paráfrasis**: utilizar nuestras propias palabras o sinónimos.
2. **Cita textual**: copiada tal como aparece en la fuente informativa.
3. **Texto construido**: redactar con las propias palabras a partir de la información de dos o más textos.

1. **Lee los siguientes textos y revisa la página anterior; escribe en el renglón si se trata de una *paráfrasis* o *cita textual*.**

a) La primera vacuna fue descubierta por Edward Jenner en 1796 y fue usada para combatir la viruela. Otras enfermedades que han sido erradicadas en algunos países gracias a las vacunas son la diarrea crónica, la rabia, el sarampión, la varicela y otras. _____

b) Edward Jenner descubrió en 1796 la primera vacuna. La viruela fue la primera enfermedad que tuvo su vacuna. Más recientemente, se han combatido el sarampión y la varicela, entre otras enfermedades. _____

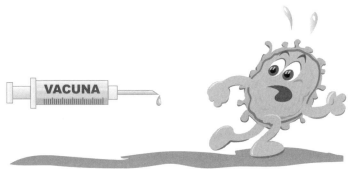

2. **Lee el siguiente texto y escribe una paráfrasis.**

Texto original: Una vacuna es un virus preparado que se introduce en una persona o animal para que éste produzca las defensas necesarias contra determinada enfermedad.

Paráfrasis: _____

_____

_____

_____

Rumbo a la exposición

Aprendizajes esperados: resumir información para redactar textos de apoyo para su exposición; hacer uso del guion de la exposición; valerse de recursos gráficos para enriquecer su presentación.

El **guion de la exposición** es una guía que señala el orden en que se presentarán los temas y los recursos de apoyo, como láminas y fotografías. Para ordenar los temas de una exposición, es conveniente ir de lo sencillo a lo complicado.

1. **Lee las siguientes oraciones y ordénalos escribiendo el número que les corresponde.**

   a) Enfermedades que previenen las vacunas. _____

   b) Definición de vacuna. _____

   c) Breve historia de las vacunas. _____

   d) Las vacunas en el futuro. _____

2. **Elabora una lámina o cartel como apoyo para tu exposición sobre las vacunas.**

3. **Responde lo que se pide.**

   a) ¿Cuál es la consecuencia de no cuidar el tamaño y legibilidad de la letra en tus textos de apoyo?

   _____

   _____

   _____

Los últimos detalles

Aprendizajes esperados: asegurarse que la exposición sea efectiva; distinguir la información relevante de la irrelevante y utiliza la información relevante en su exposición.

> La **información relevante** es aquella que es importante o **indispensable** para explicar o ejemplificar el tema. La información **no relevante** o irrelevante es la que **no es indispensable** utilizar para que el tema se comprenda el tema.

1. Observa los siguientes temas de exposiciones. Escribe *IR* cuando la información es relevante, y *NR* cuando la información no sea relevante.

   a) Tema: Vacunación infantil

Cartilla de vacunación	
Calendario escolar	
Edades y sus vacunas	

   b) Tema: ¿Qué es la influenza?

Síntomas de la enfermedad	
Medicamentos para el tratamiento	
Famosos enfermos de influenza	

2. Imagina cuáles son problemas que podrías tener mientras expones. Escribe cómo los resolverías.

Problema	Solución
La voz me tiembla por los nervios.	

Entrevista entre expertos

Aprendizaje esperado: identificar las características y la función de la entrevista para obtener información.

> Recuerda: **la entrevista** es una **plática** para obtener **información** de una persona sobre su vida, profesión, intereses, etc. La entrevista se debe **preparar** haciendo un **guion** donde se escriben las preguntas que se harán. Hay dos tipos de **preguntas**: **abiertas y cerradas**. Las preguntas deben ser **relevantes**, **relacionadas** con el tema y **no** repetitivas. Antes de hacer un entrevista se debe **conocer** el **tema** del que se hablará, y al entrevistado.

1. Une cada característica de una entrevista con su definición.

a) experiencia

• Cualidad del entrevistador. Significa que conoce el tema sobre el que realizará la entrevista.

b) relevancia

• Cualidad de las preguntas. Significa que conducen a un fin; que corresponden al tema de la entrevista.

c) acreditación

• Cualidad del entrevistado. Significa que conoce a profundidad el tema del que hablará.

d) pertinencia

• Cualidad de la entrevista. El tema a tratar es importante y de interés.

2. Lee el siguiente diálogo y señala qué regla no se cumplió.

Tema de la entrevista: "Ganadores de competencias de natación".

ENTREVISTADOR: ¿Cuánto tiempo ha entrenado para conseguir su triunfo?
ENTREVISTADO: Cerca de 10 años. Desde muy niño comencé a entrenar.
ENTREVISTADOR: Y... confiesa la verdad, ¿nunca te fuiste "de pinta"?

Error del entrevistador:

a) No estudió previamente la carrera deportiva del entrevistado.

b) Interrumpió al entrevistado.

c) Usó un lenguaje inadecuado con el entrevistado e hizo una pregunta no pertinente.

Preguntar para informar

Aprendizajes esperados: redactar preguntas para una entrevista de manera que sean claras, reciban la información deseada y sin redundancias; utilizar correctamente los signos de interrogación y acentuación.

1. **Cuando planeamos entrevistar a alguien, debemos poner atención a las preguntas que deseamos formularle. Supongamos que quieres entrevistar al doctor Sonrisas. ¿Qué le preguntarías? Escribe aquí tus preguntas:**

a) _____

b) _____

c) _____

d) _____

e) _____

f) _____

g) _____

h) _____

i) _____

j) _____

Seguramente habrás preguntado cuál es su nombre completo, por qué y quién le dio su apodo de doctor Sonrisas, dónde y cuándo nació, qué lo llevó a dedicarse a la medicina y cuál es su especialidad, qué espera de su carrera, entre otras cosas. Son preguntas importantes para conocer al personaje y se centran en él sin desviarse, por eso podemos decir que son preguntas pertinentes. Ahora revisa que no tengan faltas de ortografía y que lleven los dos signos de interrogación (¿?).

2. **Pide a un compañero que lea tus preguntas y observe si alguna repite el mismo concepto, aunque sea con otras palabras.**

Por ejemplo, si alguien preguntara: "¿Por qué escogiste ser médico?" y "¿Cómo se te ocurrió dedicarte a la medicina?", aunque las palabras son diferentes, en el fondo la cuestión es la misma. Es lo que se llama preguntas redundantes y, si las hay en tu entrevista, debes elegir la que te parezca mejor y eliminar la otra.

3. **Reescribe en tu cuaderno la lista de 10 preguntas asegurándote de que todas sean pertinentes y no haya redundancias. Un cuestionario así es la base de una buena entrevista. Compara tu trabajo con el de tus compañeros y, con la orientación del maestro o maestra, corrige lo necesario.**

¿Qué dijo?

Aprendizaje esperado: distinguir la diferencia entre discurso directo o indirecto.

> **Discurso directo**. Se transcriben las palabras textuales de alguien.
>
> **Discurso indirecto**. Alguien reproduce las palabras de una tercera persona de manera no literal.

1. **Escribe si los siguientes párrafos están escritos en discurso *directo* o *indirecto*.**

   a) "Una vez tuve un paciente, un niño de 11 años que pasó más de dos años rehabilitándose de una fractura de brazo".

   _____

   b) El doctor Hernández nos contó de varios casos difíciles que ha tenido en su profesión.

   _____

   c) Lo que más le gusta de su profesión es ver a sus pacientes recuperados y nuevamente practicando deportes.

   _____

2. **Convierte las siguientes oraciones a estilo indirecto.**

   a) "El paciente más pequeño que he tenido es un niño de cuatro años que practica natación".

   _____

   b) "Voy a cursos y conferencias varias veces al año pues debo seguir actualizándome".

   _____

   c) "Entre mis pacientes, se encuentran varios futbolistas o nadadores profesionales".

   _____

Reporto una entrevista

Aprendizajes esperados: recuperar información a partir de entrevistas; conocer e interpretar reportes de entrevistas.

1. **Relaciona los siguientes párrafos con la parte del reporte de una entrevista a la que corresponden.**

   a) Nos sentimos agradecidos con las atenciones del doctor Hernández y esperamos tenerlo pronto en nuestra escuela.

   introducción

   b) El día 12 de enero, entrevistamos en su consultorio particular al doctor Juan Hernández Alba, especialista en medicina del deporte.

   cuerpo

   c) El doctor Hernández señala que las lesiones más comunes en los niños que practican deporte son las fracturas o luxaciones, que generalmente se atienden con férula o yeso completo cuando es necesario.

   cierre

2. **Resuelve el siguiente crucigrama con las partes de un reporte de entrevista.**

   a) Redacción de los resultados de las preguntas y las respuestas.

   b) Síntesis de lo dicho o reflexión que se realiza.

   c) Contextualización o preparación para describir la entrevista.

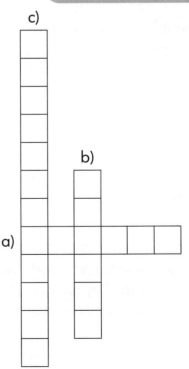

Describiendo la historia

Aprendizajes esperados: escribir textos en los que describe algún personaje relevante para la historia; identificar y poner por escrito los rasgos característicos del personaje.

> **Recuerda: describir** a una persona es decir **cómo es** basándose en sus características físicas principales **utilizando adjetivos**. Primero se empieza por los **rasgos generales** como sexo, edad, estatura y complexión, y luego se pasa rasgos más **específicos** como pelo, nariz, cara, boca, etc.

1. **Relaciona cada parte del cuerpo con el adjetivo que le corresponde en una descripción.**

   a) nariz

   b) boca

   c) ojos

   d) frente

   e) piel

   f) pelo

   amplia

   castaño

   clara

   grande

   recta

   cafés

2. **Lee las siguientes descripciones de personajes históricos y escribe debajo su nombre utilizando los que se encuentran en el recuadro.**

   | Benito Juárez | Frida Kahlo | Ignacio Allende |

   a) Hombre de pequeña estatura y complexión mediana con rasgos indígenas. Su nariz es grande y aguileña, sus pómulos sobresalientes, su mentón redondeado y sus labios finos. Tiene el cabello corto, lacio y negro, peinado hacia un lado.

   _____

   b) Hombre de mediana estatura con cara ovalada, piel blanca, cabello semicrespo color blanco. Sus ojos son claros, tiene cejas largas y delgadas. Su nariz es ancha.

   _____

   c) Mujer de estatura mediana, complexión delgada y piel apiñonada. Cejas pobladas unidas en el medio y nariz recta. Sus ojos son negros. Tiene el cabello negro y lacio.

   _____

Describir para encontrar

Aprendizajes esperados: decidir cuál es el mejor portador para compartir su texto. Usa mayúsculas al principio de oraciones y de los nombres propios; reflexionar sobre el uso de la coma para enumerar características o elementos.

1. Observa el siguiente cartel, lee la descripción y haz un dibujo de la persona que se describe.

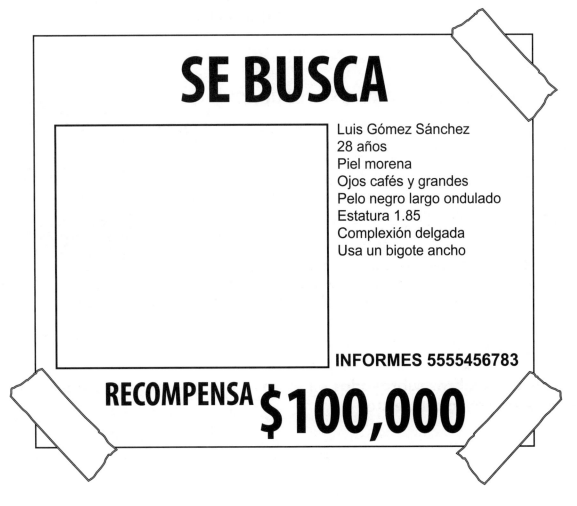

SE BUSCA

Luis Gómez Sánchez
28 años
Piel morena
Ojos cafés y grandes
Pelo negro largo ondulado
Estatura 1.85
Complexión delgada
Usa un bigote ancho

INFORMES 5555456783

RECOMPENSA $100,000

2. Utiliza los datos del cartel para redactar un texto descriptivo acerca de Luis Gómez Sánchez. Recuerda utilizar correctamente las mayúsculas y comas.

_____

_____

_____

_____

3. Reúnete con un compañero y revisen sus descripciones.

Uso de *b*: terminaciones *-bunda, -bundo*

Aprendizajes esperados: utilizar correctamente la *b* en palabras que terminan en *bunda* y *bundo; inferir* el significado de palabras desconocidas a partir de la información contextual de un texto.

> Las terminaciones *-bunda* y *-bundo* se escriben con *b*.

1. Lee el texto para saber más acerca del tlacuache.

LAS ACTUACIONES DEL TLACUACHE

El tlacuache, de apariencia tímida y pacífica, es el único marsupial que vive en América. Pertenece a la familia de los **didelfos**.

Es muy veloz entre los árboles, pero en el piso se vuelve lento. Es famoso por las actuaciones que tiene frente a sus agresores, pues es capaz de entrar a un estado de "coma" voluntario y de expeler un olor <u>nauseabundo</u> que lo libra de los ataques de otros animales.

La destrucción de su hábitat natural ha obligado a este marsupial a sobrevivir buscando comida en los basureros, donde <u>abunda</u> la fauna nociva, por lo que, injustamente, se le incluye en este grupo de animales.

2. Escribe las palabras subrayadas en el texto y lo que crees que significan de acuerdo con lo que leíste.

   a) _____   _____

   b) _____   _____

3. Lee las oraciones y completa con una palabra que termine en *-bunda* o *-bundo*, o sus plurales, que se relacione con la que se encuentra resaltada.

   a) La **náusea** es una sensación terrible.

   El tlacuache despide un olor _____.

   b) El ogro del cuento está **furioso**.

   Es un ogro _____.

   c) El mensaje de la obra es para **meditar**.

   La obra de teatro me dejó _____.

4. Utiliza las terminaciones *-bunda* y *-bundo* para transformar las siguientes palabras. Fíjate en el ejemplo.

a) furia   <u>furibunda</u>   <u>furibundo</u>

b) vagancia   _____   _____

c) tremendo   _____   _____

d) meditación   _____   _____

e) errante   _____   _____

5. Busca en un diccionario el significado de las palabras que no conozcas.

6. Completa las siguientes oraciones con palabras de la lista anterior.

a) Si alguien te hace enojar y gritas, se puede asegurar que estás _____.

b) Una persona que camina y camina sin llegar a ninguna parte es alguien _____.

c) El tlacuache de la canción de Cri-Crí es un ropavejero con apariencia de _____.

d) Si ves que estoy _____. es que estoy buscando la solución a un problema.

7. Imagina que encuentras un tlacuache en el patio de tu casa. ¿Qué harías? Descríbelo utilizando palabras terminadas en *-bunda* o *-bundo*.

_____

_____

_____

_____

_____

_____

8. Reúnete en equipo y lee a tus compañeros el texto que escribiste.

Repaso

1. Completa las oraciones acerca de los tipos de texto.

a) Los textos _____ nos dicen cómo son las personas, animales o cosas.

b) Las notas de enciclopedia son textos _____.

c) Los textos _____ utilizan verbos de acción.

d) Los textos _____ defienden ideas y opiniones.

2. Relaciona la columna de la derecha con la de la izquierda.

a) Ubica al lector antes de entrar en materia
e invita a continuar leyendo.

• Título

b) Expone las ideas principales que se han tratado
a lo largo del texto.

• Introducción

c) Informa del tema central del texto y que se va
a desarrollar.

• Desarrollo

d) Mediante párrafos, expone y desarrolla el tema.

• Conclusiones

3. Subraya la definición correcta de *enciclopedia*.

a) Es una obra que solamente tiene información sobre un tema y no tiene un orden para distribuir los contenidos, por lo cual la información es subjetiva y recopilada en un solo tomo.

b) Es la obra que recopila información sobre un cierto campo del saber o datos generales. Su finalidad es proporcionar un conocimiento universal y objetivo. Se compone de varios tomos. La información suele estar organizada por orden alfabético.

4. Subraya las oraciones que indiquen para qué sirve una monografía.

a) Dar a conocer el resultado de un partido de futbol.

b) Hacer un reporte de una entrevista.

c) Presentar la información más relevante de un tema específico.

d) Informar al público y motivarlo a hacer investigaciones.

e) Hablar sobre las aventuras de un personaje importante.

5. Ordena los pasos que se deben seguir para exponer un tema escribiendo el número que corresponde en cada cuadro.

a) Elaborar un guion para la exposición. ☐

b) Investigar información relacionada con el tema. ☐

c) Diseñar y elaborar apoyos para la exposición. ☐

d) Organizar la información. ☐

e) Elegir un tema. ☐

6. Encierra en un círculo las palabras que están escritas correctamente.

(excedente)   (meditavundo)   (exelente)   (nauseabunda)

(Mecanico)   (exepto)   (bailó)   (pánico)

7. Subraya la respuesta correcta.

a) Cuando haces una cita textual:

- escribes lo que piensas.
- escribes un resumen.
- copias tal cual la fuente.

b) Los nexos son conectores que tienen como función:

- definir las palabras.
- dar sentido al texto.
- separar las oraciones.

c) Cuando en una entrevista las preguntas corresponden al tema del que se habla, tienen:

- acreditación.
- pertinencia.
- responsabilidad.

8. Cambia las siguientes oraciones a discurso indirecto.

a) "Las materias que más me gustan son Matemáticas y Español".

_____

b) "Para aumentar mi vocabulario, leo todos los días".

_____

9. Describe a Miguel Hidalgo utilizando la siguiente imagen.

_____
_____
_____
_____

Tradición literaria

Aprendizajes esperados: leer narraciones de la tradición literaria infantil; recordar las diferencias entre cuento, leyenda y fábula.

Los cuentos, fábulas y leyendas mexicanas que conocemos son parte de una tradición que se transmite oralmente: de voz en voz.

- **Cuento ➜** Es una historia imaginaria. Sus personajes pueden ser personas, animales o cosas. Tiene autor.
- **Fábula ➜** Es una historia fantástica. Sus personajes casi siempre son animales o cosas. Busca dar una enseñanza. Tiene autor y también puede ser anónima.
- **Leyenda ➜** Es anónima. Cuenta sucesos naturales o sobrenaturales con origen y lugares reales. Sus personajes son personas o animales. Combina fantasía y realidad.

1. Lee los siguientes fragmentos de diferentes narraciones.

BUSCALACRANES (FRAGMENTO)

Eran tres: Leidi, Juliana y Sancho.

Casi todas las tardes se reunían a platicar o a jugar. Juliana les contaba cuentos y les cantaba canciones. Leidi inventaba chistes y Sancho se refería a sus aventuras y les enseñaba los pasos más sencillos del bala-bala. Además de ser muy buenos amigos, los tres vivían en el mismo barrio, iban a la misma escuela y compartían la misma pasión: los bichos.

Hinojosa, Francisco, *Buscaalacranes*, México, FCE, 2000.

EL MAYA Y EL AZTECA (ADAPTACIÓN)

Érase una vez, dos habitantes, un indio maya y otro azteca. A pesar de tener que convivir juntos, no se llevaban bien, por venir de distintas tribus.

Pasaba el tiempo y no podían ponerse de acuerdo en nada, hasta que un día debían tomar una decisión de la que dependía su permanencia en la tierra. El hombre maya había hecho un plan excelente que les permitiría continuar viviendo. Pero la terquedad del azteca fue más poderosa y se negó a hacer todo lo que dijera el maya sólo por ser diferente y con orígenes distintos a los suyos. Prefirió la muerte, en lugar de doblegarse y darle la razón que tenía el hombre Maya.

Moraleja: no porque alguien sea diferente a nosotros y tenga orígenes distintos, debemos rechazar cualquier idea que provenga de ellos. Hay que darles la oportunidad.

https://fabulas.me/leer/el-maya-y-el-azteca/ (consultado el 26 de noviembre de 2019).

EL NACIMIENTO DEL SOL Y LA LUNA

Cuando la tierra estaba en la oscuridad, los poderosos que vivían en el cielo se reunieron para crear el sol y que hubiera luz en la Tierra y encendieron una hoguera.

Quien quisiera convertirse en el sol, debía arrojarse en esa hoguera y quemarse en ella.

Había dos que querían hacerlo. Uno era grande, fuerte, hermoso y rico. El otro era pequeñito, débil, feo y pobre. Cuando llegó la hora de arrojarse a la hoguera, el grande y rico no se atrevió y salió corriendo.

El pequeño, se arrojó a la hoguera y salió convertido en el sol. Cuando el otro lo vio, sintió vergüenza y se arrojó a la hoguera y en el cielo apareció otro sol.

Los poderosos decidieron que no podían existir dos soles y decidieron apagar el segundo. Tomaron un conejo por las patas y con mucha fuerza lo lanzaron contra el segundo sol. Su brillo disminuyó de inmediato y quedó convertido en la luna. Por eso hasta la fecha, en la luna podemos ver la figura del conejo que acabó con su luz.

https://www.educapeques.com/cuentos-infantiles-cortos/
leyendas-para-ninos/leyenda-mexicana-el-nacimiento-del-sol-y-la-luna.html
(consultado el 26 de noviembre de 2019).

2. **Contesta lo que se te pide.**

a) ¿Cuál de los tres relatos es una leyenda?

_____

b) ¿Cuál es la moraleja de la fábula?

_____

c) ¿Quién es el autor del cuento?

_____

d) ¿Quiénes son los personajes del "El nacimiento del sol y la luna"?

_____

e) ¿Cuál relato te gustó más y por qué?

_____

_____

_____

_____

Leer para resolver

Aprendizaje esperado: identificar datos específicos a partir de la lectura.

1. **Lee el fragmento y contesta las siguientes preguntas. Subraya en el texto, el lugar que te ayudó a encontrar la respuesta.**

> ## LA FÓRMULA DEL DOCTOR FUNES (FRAGMENTO)
>
> [...] La verdad, el viejito me parecía muy sospechoso. Eso de andar haciendo brujerías o experimentos a su edad me hizo pensar que podía estar medio chiflado. Lo que sucedió después fue que se puso a escribir en un cuaderno de pastas azules durante unos minutos, se levantó para ir hacia un cuarto que no alcanzaba yo a ver con mi telescopio y regresó con un gato blanco entre los brazos. [...]
>
> En esas estaba cuando mi mamá me llamó a cenar. Y cuando mi mamá dice "¡A cenar!", no hay pero que valga. [...]
>
> Hinojosa, Francisco, *La fórmula del doctor Funes*, México, FCE, 1994.

a) ¿Quién observaba al viejito: un niño o un adulto?

_____

_____

b) ¿Con qué observa al viejito?

_____

_____

2. **Contesta las preguntas tomando como base el fragmento que acabas de leer.**

Pregunta	¿Puedes encontrar la respuesta en el texto?		Respuesta
a) ¿El viejito es un brujo o un doctor?	Sí	No	
b) ¿El viejito dio a beber al gato una pócima?	Sí	No	
c) ¿De qué color es el gato?	Sí	No	

Leer para sentir, pensar y opinar

Aprendizaje esperado: utilizar y distingue ir correctamente verbos que indican sensaciones, sentimientos y opiniones o pensamientos.

> Hay palabras, verbos que **expresan sentimientos** (*querer, desear, extrañar*) y otros que **reflejan pensamientos u opiniones** (*creer, pensar, parecer*).

1. Ordena las siguientes palabras donde les corresponde.

sentir   creer   pensar   doler avergonzar   querer opinar   acordar

sentimientos/sensaciones	opiniones/pensamientos

2. Lee las siguientes oraciones y escribe si se trata de un sentimiento o una opinión.

a) Por fin estuvimos de acuerdo. _____

b) Me enojé cuando me descubrió. _____

c) Todos saben que yo no soy así. _____

3. Lee el siguiente fragmento, explora y subraya de rojo las frases que expresan sentimiento, y de azul las que reflejan opiniones.

A GOLPE DE CALCETÍN (FRAGMENTO)

[...] Al principio, me daba mucha vergüenza andar pegando de gritos por todas las banquetas. Sentía que todos se volvían a mirarme y decían: "Luego luego se nota que ese niño es un principiante". Pero en cuanto vendí mi primer periódico me dio tanto gusto que se me acabó la vergüenza. Poco a poco me fui acostumbrando a gritar las noticias y a ir cobrando de cinco en cinco centavos. [...]

Hinojosa, Francisco, *A golpe de calcetín*, México, FCE, 2000, pp.7-8.

Distintos pero semejantes

Aprendizajes esperados: establecer semejanzas y diferencias entre personajes de diversas narraciones e identifica los rasgos y situaciones recurrentes en las narraciones; explicar las relaciones entre los personajes y su influencia en el desarrollo de la historia.

1. **Lee nuevamente los fragmentos localizados en las páginas anteriores y completa la siguiente tabla sobre sus características.**

Obra	Personajes	Ambiente (lugar, época)	Acontecimientos (¿qué ocurrió?)	Lenguaje (formal/informal, sencillo/complejo)
a) *Buscalacranes*				
b) *La fórmula del doctor Funes*				
c) *A golpe de calcetín*				
d) "El maya y el azteca"				
e) "El nacimiento del sol y la luna"				

2. **Escribe en la tabla lo que pasó primero y lo que pasó después en las narraciones. Guíate con el ejemplo.**

primero	después
a) Los poderosos decidieron que no podía haber dos soles.	Decidieron apagar el segundo
b) La terquedad del azteca fue más poderosa.	
c) En cuanto vendí mi primer periódico.	
d) Cuando llegó la hora el grande salió corriendo.	

http://www.cipae.edu.mx/boletines%209/9%201.htm

Narramos de principio a fin

Aprendizajes esperados: recordar y reconoce los elementos de las narraciones; expresar su interpretación de las imágenes, vinculándolas con lo escrito, en cuentos y libros álbum.

1. **Tú ya conoces muchos relatos y narraciones y quizás ésta te sea familiar. Así podrás contárnosla y luego compartirla con tus compañeros. Guíate por las viñetas; nosotros escribimos el principio.**

a) Presentación o estado inicial:
   Hace muchos años, había una niña llamada Caperucita Roja...

   _____

   _____

   _____

   _____

b) Nudo del conflicto:
   Entonces el malvado lobo vestido como la abuelita...

   _____

   _____

   _____

   _____

c) Desenlace y final:
   El leñador entró a la cabaña de la abuelita y acabó con el lobo. Entonces...

   _____

   _____

   _____

   _____

   Y colorín colorado, el cuento se ha terminado.

Fábulas de cuento

Aprendizajes esperados: establecer relaciones temporales y causas entre acontecimientos; reconocer los tiempos pretérito simple e imperfecto.

1. Lee el principio de la siguiente fábula.

EL TIGRE Y EL GRILLO

Un tigre caminaba tranquilamente por la selva cuando, sin darse cuenta, pisó unas hojas con estiércol de vaca. De entre las hojas, salió un grillo muy enojado gritando. El tigre siguió caminando sin darse cuenta, hasta que por fin bajó su vista y vio al grillo que levantaba sus patas delanteras, como queriendo pelear.

—¿Por qué tiras mi casa? —dijo el grillo.

—¿Cuál casa? ¿Esas hojas llenas de estiércol eran tu casa?

—Pues aunque te burles, esa era mi casa y ahí vivía yo muy a gusto, así que quiero que me hagas una casa nueva porque esa me la desbarataste.

—Y si no quiero, ¿qué me vas a hacer? —contestó el tigre, nada más por divertirse y burlarse del pobre grillo.

http://www.biblioteca.org.ar/libros/bdmexico/Collecci%F3%20Literatura%20Infantil/sec_31-8.htm (adaptación)

2. Localiza en el texto los verbos en pretérito imperfecto y pretérito perfecto simple. Completa la siguiente tabla.

Pretérito perfecto simple	Pretérito imperfecto
pisó, _____	caminaba, _____
_____	_____

Pretérito perfecto simple: Indica una acción del pasado que ya terminó: *corrió, habló, vino...*

Pretérito imperfecto: Expresa una acción inacabada: *corría, hablaba, vinieron.*

3. Escribe, ¿qué crees que hizo el león ante la petición del grillo de reconstruirle su casa?

_____

_____

_____

_____

¿Dónde? ¿Quién?

Aprendizaje esperado: describir los espacios en que se desarrolla la historia y los relaciona con las características de los personajes y el tipo de hechos que ahí ocurren.

1. Lee la continuación del relato.

— Mira, no te burles, porque aunque no lo creas, te puedo perjudicar.

—¿Tú? ¿A mí? Mira, te propongo que luchemos todos los de tu especie contra todos los de mi especie, y si gano no te hago la casa, pero si tú ganas te haré la casa como tú me la pidas.

—Está bien —respondió el grillo— a las dos de la tarde nos encontraremos en la Barranca Verde; allí te estaré esperando con todos mis compañeros.

Y así fue. El tigre reunió zorras, leones, lobos y toda clase de animales feroces, de uña. Entonces ordenó a la zorra que fuera a asomarse para ver si ya estaban el grillo y los de su especie en el lugar de la cita.

2. Contesta las preguntas, ¿cómo son los escenarios y los personajes de la historia?

Lugar y época: ¿Dónde ocurren los hechos? ¿Cómo son los sitios? (Algunos lugares se mencionan; otros no.) ¿Cuándo ocurrieron los hechos? ¿Cuánto duraron?

Personaje principal y secundario: ¿Cómo son físicamente? ¿Cuáles son sus características emocionales, de actitud? otros que reflejan pensamientos u opiniones (creer, pensar, parecer).

Escenarios
Bosque: _____

Personaje principal y secundario
Grillo: _____
Tigre: _____

3. Contesta, ¿cuáles y cómo serían los personajes si la historia fuera en otro escenario?

Escenarios
Ciudad: _____
Desierto: _____

Personaje principal y secundario
_____
_____

¿Qué fue primero: la gallina o el huevo?

Aprendizajes esperados: anticipar las acciones de los personajes en base a sus características, forma de ser o intenciones. Establece relaciones de causa efecto entre las partes de una narración; expresar su interpretación de las imágenes.

1. Lee el final del relato sobre el tigre y el grillo.

Y efectivamente. Ahí estaban todos los amigos del grillo: avispas, zancudos, jicotes, abejas y toda clase de insectos.

El tigre entonces dio un gruñido terrible que quería decir: "¡Al ataque!". Los compañeros del grillo volaron sobre los feroces animales, que no sabían ni cómo quitarse de encima a aquellos animalitos que, ensañados, les picaban y mordían por todas partes. Ni siquiera oyeron a la zorra que les gritaba: "¡Al agua! ¡Tírense al agua!".

Y fue así como el grillo le ganó al tigre y éste tuvo que hacerle su casa al grillo. Y colorín colorado, este cuento se ha acabado.

2. Escribe qué fue una causa y qué fue un efecto en los hechos de la historia.

Causa: origen, motivo o razón de algo. **Efecto:** aquello que se sigue por una causa.

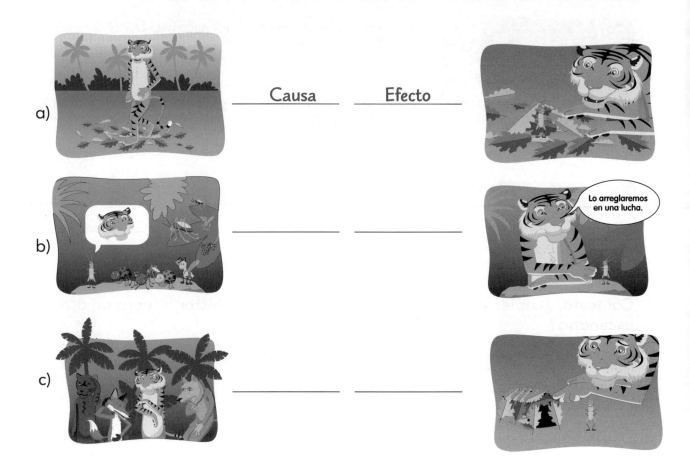

a) Causa   Efecto

b) _____   _____

c) _____   _____

Uso de *j* al inicio de palabra

Aprendizaje esperado: cuidar el uso de la j al inicio de la palabra cuando tiene un sonido suave.

1. Lee el texto.

Jesús y Jimena trabajan en un supermercado los fines de semana. Utilizan un jabón especial para limpiar el área de las cajas y un jalador con una jerga grande para limpiar los pasillos.

Su jefe de piso es un joven jalisciense que les asigna sus tareas y les da consejos para realizar mejor su trabajo.

Al terminar cada jornada, deben acomodar los productos en las secciones correspondientes.

2. Subraya las palabras del texto anterior que empiezan con *j* y escríbelas a continuación.

_____   _____   _____

_____   _____   _____

3. Une con líneas los productos con la sección a la que pertenecen. Algunos se repiten y unas secciones no tienen producto.

a) jabón

b) jerga

c) jícama

d) jitomate

e) jocoque

f) jugos

g) jamón

salchichonería

lácteos

frutas y verduras

enlatados

productos de limpieza

bebidas

material eléctrico

4. ¿Con qué letra inician las palabras que nombran los productos del supermercado?

_____

La biografía

Aprendizajes esperados: identificar la utilidad de los relatos biográficos para conocer la vida de personajes interesantes; escribir y narrar la biografía de su autor preferido de la literatura infantil.

> La **biografía** es la narración de la vida de una persona desde **su nacimiento hasta su muerte**. Su función es **dejar testimonio** de la vida de una persona importante, grande o interesante mediante la **descripción** de sucesos narrados en **orden cronológico**. Se escribe en tercera persona, por lo que se usa sobre todo el lenguaje indirecto. El que cuenta debe conocer muy bien la vida de la persona y narrar hechos reales y en un tiempo determinado.

1. **Ordena los pasos que se deben seguir para elaborar una biografía escribiendo 1 en el primero, 2 en el segundo y así sucesivamente.**

   a) Corregir el borrador, revisando la ortografía y gramática. ☐

   b) Ordenar cronológicamente los datos recabados y decidir qué vas a contar. ☐

   c) Presentar el trabajo con imágenes incluidas en el texto. ☐

   d) Investigar a fondo sobre la vida de la persona elegida. ☐

   e) Redactar el primer borrador. ☐

   f) Elegir un título adecuado para la biografía. ☐

2. **En las páginas anteriores, has leído algunos fragmentos de cuentos de un autor muy famoso llamado Francisco Hinojosa. Lee su biografía.**

Francisco Hinojosa es escritor de cuentos, poeta, dramaturgo, ensayista y editor. Nació el 28 de febrero de 1954 en la Ciudad de México. Siempre quiso ser escritor y por ello estudió la licenciatura en Lengua y Literaturas Hispánicas en la Universidad Nacional Autónoma de México. Ha sido profesor universitario, aunque sus talleres con niños son reconocidos en todo el país.

Su estilo sencillo, cómico e irreverente lo coloca como uno de los autores de literatura infantil más reconocidos en la actualidad. La crítica a la realidad está presente en todas sus obras, de entre las que destacan *La peor señora del mundo*, *A golpe de calcetín* y *Léperas contra mocosos*.

3. Ahora que leíste la biografía de Hinojosa y viste la ilustración, responde las preguntas.

a) ¿Qué requisitos de una biografía cumple?

_____

b) ¿Qué datos importantes proporciona?

_____

c) ¿Qué datos o elementos crees que le faltan?

_____

4. Escribe la biografía del autor de tu cuento o fábula favorito. Recuerda investigar su vida y obras. Sigue los pasos de la página anterior. Ilústrala con las imágenes que creas necesarias.

_____

_____

_____

_____

_____

_____

5. Comparte con tus compañeros la biografía que escribiste y comenten acerca de la utilidad de las biografías.

Como dice el refrán...

Aprendizaje esperado: comprender el mensaje implícito y explícito de los refranes.

> El **refrán** es un **texto breve** que encierra alguna **enseñanza** moral o práctica. Es de **origen popular**, es **anónimo** y contiene sabiduría popular contada con **gracia** y **soltura**. En ocasiones, tiene doble sentido (literal y figurado).

1. **Escribe en el orden correcto las palabras que forman cada refrán. Luego, une con una línea la imagen de cada refrán con su significado. Sigue el ejemplo.**

SIGNIFICA QUE:

a) músico, cuerda buen una con El toca.

   El buen músico, con una
   cuerda toca.

1) No se sabe quién se va a beneficiar de un esfuerzo.

b) gato un garabato. al ojo y al Con otro

   _____
   _____

2) Los actos impertinentes terminan con la paciencia de las personas.

c) de Matar un dos tiro. pájaros

   _____
   _____

3) Un experto hace maravillas aun con pocos recursos.

d) Colmar el de buche. piedritas

   _____
   _____

4) Hay que poner atención en todo y no descuidarse.

e) cae un que pronto Más cojo. hablador un

   _____
   _____

5) Se obtuvo doble beneficio de una sola acción.

f) quién para Nadie trabaja. sabe

   _____
   _____

6) Quien dice mentiras es descubierto fácilmente.

Los recursos de los refranes

Aprendizaje esperado: identificar los recursos literarios empleados en los refranes.

1. **Los refranes utilizan metáforas, rimas, juegos de palabras y otros recursos para lograr su cometido. Identifícalos poniendo una _M_ si usan metáfora; _R_ si riman, y _J_ si emplean juegos de palabras.**

a) A palabras necias, oídos sordos. (   )

b) Dios no les da alas a los alacranes. (   )

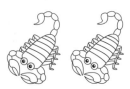

c) De tal palo tal astilla. (   )

d) Muerto el perro, se acabó la rabia. (   )

e) Ya comí, ya bebí, ya no me hallo aquí. (   )

f) Quien de amarillo se viste a su belleza se atiene o vergüenza no tiene. (   )

g) Nunca falta un roto para un descosido. (   )

h) El que es gallo, donde quiera canta y el que es perico, donde quiera es verde. (   )

i) Perro que ladra no muerde. (   )

Con qué describimos mejor

Aprendizajes esperados: emplear adjetivos y adverbios al describir personajes, escenarios y situaciones en una narración; escribir narraciones de invención propia a partir de refranes.

> Las palabras que añaden información al sustantivo se llaman **adjetivos**; las que lo hacen con los verbos se llaman **adverbios** y éstos son palabras invariables.

1. Antiguamente, eran muchos los relatos que culminaban con unas frases que acabaron por volverse refranes independientes. Ahora vamos a intentar hacerlo a la inversa: proponemos un refrán y tú irás completando el relato con las palabras que hagan falta para que las descripciones queden bien. Subraya la palabra que completa correctamente el sentido.

Érase una vez una mujer *fea/redonda*, pero muy *luna/rica*, que vivía en una gran casa que más parecía un *bello/triste* palacio. Todos los días se levantaba *temprano/rojo*, se vestía *lujosamente/descuido* y se instalaba delante de una ventana grande y bien *iluminada/cuadrada*, para dejarse ver por la gente que pasaba. Tenía la esperanza *tonta/floral*, de que si la veían tan *elegante/furiosa*, algún *joven/trueno* galán se enamoraría *perdidamente/loco* de ella. Sin embargo, la gente murmuraba *sabiamente/lista*: "La mona, aunque se vista de seda, mona se queda".

2. Ahora, en las siguientes líneas, escribe tú un relato que se base en el refrán: "Hijo de tigre, pintito", que sirve para señalar a una persona que reprocha a otra el mismo defecto que la primera también tiene. Utiliza adjetivos y adverbios para describir a los personajes, el escenario y todo lo necesario para que tu relato quede ¡perfecto!

_____

_____

_____

_____

_____

_____

_____

Uso de palabras con *bv* y *dv*

Aprendizaje esperado: conocer el uso correcto de la *v* después de las consonantes *b* y *d*.

1. **Fíjate en las palabras.**

advenimiento	adviento	subvenir
adverbio	advenedizo	adversidad
adversario	subvalorar	subvención

2. **¿En qué se parecen?**_____

_____

3. **De acuerdo con tus observaciones, completa la información.**

> Después de las consonantes *d* y *b* se escribe _____; por ejemplo:
>
> _____

4. **Encuentra el significado de las palabras que no conozcas y agrégalas a tu diccionario personal.**

5. **Utiliza algunas de las palabras para completar las oraciones.**

a) El tiempo de _____ es el anuncio de que pronto llegará la Navidad.

b) Con la espada preparada, el príncipe fue en busca de su _____

c) Contra viento y marea, lucharé hasta triunfar y así venceré la

_____

Uso de los puntos suspensivos (...)

Aprendizaje esperado: reconocer y utilizar correctamente los puntos suspensivos para crear suspenso o dejar ideas incompletas.

1. Lee el relato.

EL COYOTE Y EL TLACUACHE

Dicen que así sucedió...
   Había una cueva y el tlacuache tenía las patas apoyadas sobre la pared. Un coyote intrigado por la postura del tlacuache se acercó y le preguntó:
   —¿Qué haces, tlacuache?
   —Nada, estoy deteniendo el techo para que no se caiga, porque si se cae nos atrapa. Ayúdame a sostenerlo.
   El coyote levantó sus dos patas delanteras y se puso frente a la pared de la cueva para ayudar al tlacuache.

   —Voy a traer un puntal. Haz fuerza porque lo voy a soltar.
   El tlacuache se puso en cuatro patas y se fue.
   El coyote, después de un buen rato, ya no aguantaba más la postura y pensó desesperado: "Cuándo volverá ése que se fue a buscar el puntal".
   Después de esperar mucho tiempo, ya cansado de mantenerse en dos patas, el coyote se dio valor y saltó con fuerza a un lado, escapando luego a todo correr. Cuando volteó a ver si no se caía el techo de la cueva, descubrió que no había sucedido nada.

2. Comenta con un compañero o compañera qué fue lo que hizo el tlacuache.

3. Cambia la primera frase, la que inicia el cuento, por otras dos que se usen generalmente para empezar las narraciones. Coloca al final de ellas los puntos suspensivos, como en la lectura.

_____

_____

_____

_____

_____

4. Completa las frases para crear otros finales, diferentes al de la lectura.

a) Después de esperar mucho tiempo…

_____

b) Después de esperar mucho tiempo, ya cansado de mantenerse en dos patas, el coyote se dio valor y… _____

_____

5. ¿Para qué sirven los puntos suspensivos (…) que se encuentran al final de cada frase?

_____

Los **puntos suspensivos (…)** se usan para dejar inconclusa una idea, una oración o una explicación, con el fin de crear suspenso o intriga.

6. Mariela agregó como reflexión final del cuento el refrán que aparece a continuación. Complétalo subrayando la respuesta correcta.

a)   "Más vale maña…

b)   que levantarse temprano".

c)   que fuerza".

d)   que corazón contento".

7. ¿Crees que Mariela escogió la frase adecuada para terminar el cuento? Escribe tu opinión.

Yo pienso que…_____

_____

_____

_____

8. ¿Conoces otros refranes? Escribe dos.

_____

_____

De rimas y poesía

Aprendizajes esperados: recordar lo que es la rima y sus tipos; reconocer la distribución del texto poético en versos y la recurrencia de rimas al final de estos que pueden ser evidencia de su musicalidad.

> **Recuerda**: los **poemas** son textos literarios escritos en **verso** para expresar **sentimientos** e ideas. La **rima** es la **repetición de sonidos** al final de dos o más versos tras la última vocal acentuada.

1. Lee en voz alta los siguientes poemas y subraya con el mismo color los versos que rimen igual en cada uno.

SONETO DE REPENTE

Lope de Vega

Un soneto me manda hacer Violante;
en mi vida me he visto en tal aprieto,
catorce versos dicen que es soneto,
burla burlando van los tres delante.

Yo pensé que no hallara consonante
y estoy a la mitad de otro cuarteto;
mas si me veo en el primer terceto,
no hay cosa en los cuartetos que me espante.

Por el primer terceto voy entrando,
y aún parece que entré con pie derecho,
pues fin con este verso le voy dando.

Ya estoy en el segundo, y aún sospecho
que estoy los trece versos acabando: contad si
son catorce, y está hecho.

MARIPOSA DEL AIRE

Federico García Lorca

Mariposa del aire,
qué hermosa eres,
mariposa del aire
dorada y verde.
Luz del candil,
mariposa del aire,
¡quédate ahí, ahí, ahí!
No te quieres parar,
pararte no quieres.

Mariposa del aire
dorada y verde.
Luz de candil,
mariposa del aire,
¡quédate ahí, ahí, ahí!
¡Quédate ahí!
Mariposa, ¿estás ahí?

https://www.bebesymas.com/libros-infantiles/poesia-para-ninos-nueve-poemas-infantiles-clasicos-de-grandes-poetas
(consultado el 23 de noviembre de 2019).

Poesía eres tú

Aprendizajes esperados: reconocer y utiliza correctamente las figuras literarias que se usan en los poemas; identificar y aprecia pasajes donde se utiliza el lenguaje figurado.

Figuras literarias:

Adjetivación: cuando varios calificativos acompañan a uno o más sustantivos. Ejemplo: *Aquella cara dulce y apacible* (Rubén Darío).

Metáfora: la identificación entre dos elementos, uno real y otro imaginario, entre los que hay algún tipo de analogía. Ejemplo: *En tu boca de rubíes* (Becquer).

Símil: una comparación poética. Ejemplo: *Las monedas de plata parece que están iluminadas por la luna* (García Lorca).

Hipérbole: exageración que normalmente deforma la realidad, para ensalzarla o para degradarla. Ejemplo: *Érase un hombre a una nariz pegado* (Quevedo).

1. Colorea el recuadro con la figura literaria utilizada en cada caso.

a)

Lluvia fresca, suave, sencilla.	Adjetivación	Metáfora
	Hipérbole	Símil

b)

Mi bella, eres hermosa como el viento.	Adjetivación	Metáfora
	Hipérbole	Símil

c)

No hay extensión más grande que mi herida.	Adjetivación	Metáfora
	Hipérbole	Símil

d)

Lágrimas de cristal.	Adjetivación	Metáfora
	Hipérbole	Símil

Leer para sentir

Aprendizajes esperados: compartir el contenido general de los poemas y la situación comunicativa que se representa; compartir los sentimientos que le provoca el poema.

1. Lee el siguiente poema. Escribe qué sentimiento te provoca y (tristeza, alegría, tranquilidad, enojo, amor) y por qué.

MARINERO EN TIERRA
Rafael Alberti

El mar. La mar.
El mar. ¡Sólo la mar!
¿Por qué me trajiste,
padre a la ciudad?
¿Por qué me desenterraste
del mar?

En sueños, la marejada
me tira del corazón.
Se lo quisiera llevar.
Padre, ¿por qué me trajiste acá?

Mateo, María Asunción,
Rafael Alberti para niños, 5a ed., Madrid, Ed. de la Torre, 2000.

Me provoca _____ porque _____

_____

2. Lee el siguiente poema. Subraya las palabras o frases que te parezcan divertidas o te produzcan alegría.

TARDE OTOÑAL EN UNA VIEJA CASA DE CAMPO
José Emilio Pacheco

Alguien tose en el cuarto contiguo.
Un llanto quedo.
Luego pasos inquietos,
conversaciones en voz baja.

En silencio me acerco,
abro la puerta:
Como temí,
como sabía,
no hay nadie.

¿Me tendrán miedo los fantasmas?

Pacheco, José Emilio, *Gota de lluvia y otros
poemas para niños y jóvenes*, México, Era, 2004.

Para conocer más de la obra de José Emilio Pacheco, te recomendamos la novela *Las batallas en el desierto*, que cuenta la historia de un niño en el México del siglo pasado.

Voz de poeta

Aprendizajes esperados: apreciar elementos rítmicos y melódicos de textos poéticos al escuchar, leer en voz alta y recitar poemas; emplear el ritmo, la modulación y la entonación correctos para darle la intención deseada.

- **Recitar**. Es hablar en voz alta versos expresando los sentimientos.
- **Ritmo**. Es la combinación armoniosa de sonidos y pausas. Puede ser pausado, medio o rápido.
- **Modulación**. Es la variación del volumen y la entonación de la voz.
- **Expresión de la voz**. Es la manera de reflejar el sentimiento del poema: tristeza, alegría, enojo, amor, tranquilidad.

1. Lee el siguiente poema y describe cómo crees que debe ser leído en voz alta.

LA MANO ABIERTA

Alejandro Aura

Si tuviera un riachuelo
te lo daba
si tuviera una cascada mansa
te la diera también
si tuviera un estanque
igual te lo daría
el día es un pasar
de sombras y la noche
un griterío de brillos escondidos.
No tengo nada
no tengo nada.

http://www.palabravirtual.com (consultado el 29 de noviembre de 2019).

Ritmo _____

_____

Modulación _____

_____

_____

Expresión de la voz _____

_____

Tertulia poética

Aprendizaje esperado: leer en voz alta o recita poemas, empleando el ritmo, la modulación y la entonación necesaria para transmitir el sentimiento que le comunican y su musicalidad.

> **Declamar** es un **arte escénico** que se lleva a cabo frente a un **público** que observa, escucha y participa como testigo de lo que se representa.

1. **En equipo, lean los siguientes poemas y seleccionen uno para leerlo en voz alta o declamarlo. Justifiquen su elección.**

TABLAS DE MULTIPLICAR

Gabriel Celaya

Uno por otro es el hombre
cualquiera como Dios manda
y ese salvar distancias
que —mala cuenta— se cantan.
   Dos por uno es la evidencia
que en un dos por tres tendrás.
Dos por cuatro, buen compás.
Dos por cinco, la sorpresa
Del diez redondo y total.
¡Qué divino es, por humano,
el sistema decimal!

Cero por cero es la luz
Cero por uno, el problema
(pues con él yo creo el tú).
Cero por dos, el amor.
También cero, más en ¡oh!
(¡Oh!, que es un eco de yo.)
Cero por tres…¡Atención!
Debe haber algún error,
pues cuanto más multiplico,
más repito: yo, yo, yo.

Mateo, María Asunción (ed.), *Gabriel Celaya para niños*, Madrid, Ediciones de la Torre, 1985.

MALIBÚ

Luis Cernuda

Malibú,
olas de lluvia.
Aire de música.

Malibú,
agua cautiva.
Gruta marina.

Malibú,
nombre de hada.
Fuerza encantada.

Malibú,
viento de ulula.
Bosque de brujas.

Malibú,
una palabra,
y en ella, magia.

http://www.poetasandaluces.com/ (consultado el 23 de noviembre de 2019).

2. **¿Qué poema eligieron y por qué?**_____

_____

3. Vuelve a leer todos los poemas de las páginas anteriores y elige dos. Fíjate quiénes son los autores, investiga su biografía y completa el siguiente cuadro comparativo.

Autor	Nacionalidad	Figuras literarias utilizadas (adjetivación, metáfora, símil hipérbole, onomatopeya)	Tipo de rimas que utiliza (asonante, consonante)	Sentimientos que comunica (amor, risa, enojo, tristeza, alegría, sorpresa)

4. Lee en voz alta y recita el poema que elegiste. Pide a tus compañeros que declamen o lean poemas en voz alta. Cierra tus ojos y escucha atentamente. Después contesta las preguntas.

a) ¿Qué te gustó más, recitar, leer o escuchar poemas? ¿Por qué?

_____

_____

_____

b) ¿Al cerrar los ojos, pudiste sentir y escuchar mejor el poema? ¿Por qué?

_____

_____

c) ¿Cuál de los poemas te gustó más? ¿Por qué?

_____

_____

d) ¿Cuál poema te comunicó mejor los sentimientos que expresa? ¿Por qué crees que fue así?

_____

_____

La invitación

Una **invitación** es un **escrito** en el que se busca **convocar** a una o varias personas a participar en un **acto** o **celebración**. Debe **incluir**: destinatario, acontecimiento al que se invita, lugar, fecha, hora y quién es la persona que invita. Puede ser formal o informal según la ocasión.

1. Escribe en el lugar correcto las partes de la invitación.

| fecha | lugar | acontecimiento | hora | invitado | quién invita |

Fiesta Pirata ← ②

① →

Héctor Díaz, estás invitado a la fiesta de cumpleaños de Jorge ← ④

③ → ⑤ →

El día 5 de abril a las 2:00 p. m.
Salón de fiestas Pingüicos. Allende #22, Tlalpan ← ⑥

¡NO FALTES!

① _____
② _____
③ _____
④ _____
⑤ _____
⑥ _____

2. Redacta una invitación para la "Tertulia poética" utilizando los siguientes datos.

| Tertulia poética | Auditorio General | 24 de mayo |
| 17:00 horas | Instituto Tláloc. Alumnos de 4° grado. | |

Recital
de poesía

_____

_____

_____

_____

_____

_____

Uso de *j*: *ja* y *jo* al final de palabra

Aprendizaje esperado: utlilizar correctamente la *j* al escribir palabras terminadas en *ja* y *jo*.

1. Lee el texto.

RELAJO EN LA COCINA

Un día fui al mercado y cuando volví,
con mucho pesar, un **relajo**
ante mis ojos vi...
Un **ajo** listo para acompañar el
té, el **tasajo** al alcance del gato,
una **raja** de chile para endulzar
el café.
Don Chucho con yerbas en
manojo
y para el colmo de mi **enojo**,
don Chucho tuvo el **arrojo**
de ensuciar mi mantel **rojo**.
Para evitar tanta avería,
mañana mismo echaré el **cerrojo**.

2. Escribe las palabras que aparecen resaltadas en el texto anterior.

_____   _____   _____

_____   _____   _____

_____   _____   _____

3. ¿En qué se parecen las palabras que acabas de escribir?

_____

_____

_____

4. Completa la regla ortográfica.

Las palabras con terminación *ja* y _____ se escriben con _____.

Juegos de palabras

Aprendizaje esperado: recordar qué son y cuáles son los principales juegos de palabras utilizados en los juegos infantiles de tradición oral.

> **Recuerda:** los **juegos de palabras** son una forma de **manipular letras o palabras** para producir un **efecto lingüístico divertido, entretenido o sorprendente**. Ayudan a mejorar la capacidad de análisis y aumentan el vocabulario. Para hacer juegos de palabras **se utilizan recursos orales o retóricos** como la agrupación, repetición, comparación y rima de palabras. Los principales juegos de palabras usados son: **adivinanzas, trabalenguas, chistes**, poemas, jitanjáforas, calambures o paranomasias.

1. Repite el trabalenguas.

Corazón de chirichispa
y ojos de chirichispeé:
tú que me enchirichispaste,
hoy desenchirichíspame.

2. Lee las adivinanzas y escribe su respuesta.

a) Lleva años en el mar y aún no sabe nadar.

_____

b) Te la digo y no me entiendes, te la repito y no me comprendes.

_____

c) Todos pasan por mí y yo no paso por nadie. Todos preguntan por mí y yo no pregunto por nadie.

_____

3. Lee el chiste.

Un niño en la cocina le dice a su mamá:
   –¡Mamá, mamá! ¡Las lentejas se están pegando!
   Y la mamá contesta:
   –Déjalas que se maten, hijo.

Entre trabalenguas, tres tigres estaban

Aprendizajes esperados: conocer las características de los trabalenguas; reflexionar sobre los juegos de palabras usados en los trabalenguas.

> Los **trabalenguas** tienen cualquiera de estas cuatro características:
> 1. Las palabras se repiten. 2. Las palabras se parecen. 3. Usan las mismas palabras, pero en otro orden. 4. Empiezan con la misma letra o sílaba.

1. **Lee y repite los siguientes trabalenguas. Escribe cuál o cuáles características tienen.**

   a) Pedro Pérez Peña, pintor preciso, pinta puertas por poco precio.

   _____
   _____
   _____

   b) Ñoño Yáñez come ñame en las mañanas con el niño.

   _____
   _____
   _____

   c) Col, caracol y ajo. Ajo, caracol y col. Col, caracol y ajo. Ajo, caracol y col.

   _____
   _____
   _____

   d) Mi caballo pisa paja, paja pisa mi caballo.

   _____
   _____
   _____

Palabras parecidas palabrean

Aprendizajes esperados: emplear la sílaba o la letra inicial de una serie de palabras para crear un efecto sonoro en los trabalenguas; crear trabalenguas a partir de palabras con la misma sílaba.

1. Lee el siguiente trabalenguas.

Pepe Peña pela papa, pica piña; pica piña, pela papa, Pepe Peña.

2. Escribe un orden diferente para transformarlo.

_____

_____

_____

_____

3. ¿Qué características tiene este trabalenguas?

_____

_____

4. Escribe el siguiente trabalenguas en distinto orden.

Rosa Rozas renta ruedas, rocas, ramas y rebujos raros.

_____

_____

5. Escribe palabras que comiencen con la siguiente sílaba. Forma un trabalenguas con ellas.

Sílaba: Pa

a) Palabras: _____

b) Trabalenguas: _____

_____

¡Me muero de risa!

Aprendizajes esperados: reflexionar sobre el significado de los juegos de palabras usados en los chistes; identificar que algunos chistes centran su efecto en un final sorpresivo que rompe las expectativas.

> Los chistes son **narraciones cortas**, orales o escritas, cuya finalidad es causar gracia y **hacer reír** a quienes los escuchan. Para ello, utilizan **juegos de palabras** como juegos fonéticos, sentido figurado o doble sentido. Tienen **dos partes**:
> a) **Introducción**: es el **inicio del chiste** y la **presentación** de los **personajes** y
> b) La **gracia**: es el **final** de la narración y donde se encuentra la **situación** que **nos hace reír**.

1. **Lee los chistes y escribe si utilizan juegos fonéticos, sentido figurado o doble sentido.**

   a) —Mamá, ¿cómo se escribe campana?
   —Como suena, hija.
   —¡Ah! ¿Entonces escribo tilín-tilín?

   _____

   b) —¿Por qué metieron al rompecabezas a la cárcel?
   —Porque estaba armado.

   _____

   c) —Ese chiste es tan viejo, que la última vez que lo oí estaba montando en un dinosaurio.

   _____

   d) —Cariño, ¿crees que soy bajita?
   —Tienes una estatura común.
   —¿Común?
   e) —Sí, ¡común duende!

   _____

2. **Vuelve a leer los chistes y responde.**

   a) ¿Cuál chiste te gustó más? ¿Por qué?

   _____

   b) ¿Cuál final te pareció más sorpresivo y por qué?

   _____

   c) Escribe un chiste que conozcas y consideres que tiene un final sorpresivo.

   _____

   _____

Palabra y significados... ¡todos para una y una para todos!

Aprendizajes esperados: identificar y usa juegos de palabras en los chistes; distinguir los diferentes significados del doble sentido utilizado en los chistes.

> Aunque hay palabras que se escriben y se oyen igual, pueden tener significados o interpretaciones diferentes y, por ello, también se usan en los juegos de palabras.

1. **Lee y disfruta el siguiente chiste.**

> ¿Qué le dijo un gusanito a su hermano?
>   —Ahora vengo, me voy a dar una vuelta a la manzana.

2. **Marca con una ✘ la palabra con doble significado.**

   a) vuelta   b) manzana

3. **¿Cuáles de los siguientes dibujos representan dos significados que puede tener la palabra manzana? Táchalos.**

   a)    b)    c)

4. **Observa el siguiente chiste ilustrado y encierra en un círculo las palabras ambiguas, o sea, las que tienen doble significado.**

5. **Une con una línea cada una de las palabras ambiguas que señalaste con una de las siguientes definiciones:**

   a) Del verbo nadar.

   b) Prenda de vestir.

   c) Del verbo traer.

   d) Que no hay ninguna cosa.

¿Preguntas? ¡Sorpresas!

Aprendizajes esperados: utilizar guiones largos para introducir el diálogo en el discurso directo; utilizar signos de exclamación e interrogación para matizar la intención de los enunciados.

1. Completa el párrafo.

Para escribir una pregunta, al principio escribimos este signo **¿** y al final este otro **?** Estos signos se llaman _____. Los signos de admiración **¡!** se usan para _____.

2. Observa el recuadro e ilumina de verde los cuadritos con signos de interrogación y de amarillo los signos de admiración.

¿	!	.	¡
-	?	,	..
¡	(	?	¡
)	!	" "	¿

3. Lee y diviértete con el "colmo" y con el chiste. Encierra en una nube azul al que tenga signos de interrogación y en un triángulo rosa al que tenga signos de admiración.

a)

¿Cuál es el colmo de un panadero?
Tener una hija que se llame Concha.

b)

—General, hemos perdido la batalla.
—¡Pues búsquenla, sargento!

4. Escribe los signos que correspondan en los globos.

_____ Hace cuánto que espera _____

_____ No soy pera, soy sandía _____

Repaso

1. Completa el siguiente crucigrama.

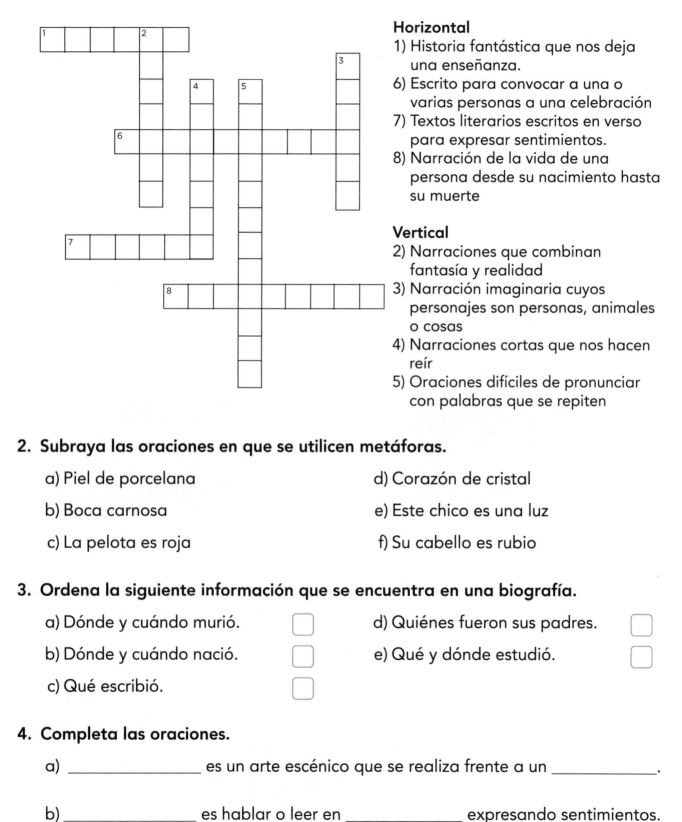

Horizontal

1) Historia fantástica que nos deja una enseñanza.
6) Escrito para convocar a una o varias personas a una celebración
7) Textos literarios escritos en verso para expresar sentimientos.
8) Narración de la vida de una persona desde su nacimiento hasta su muerte

Vertical

2) Narraciones que combinan fantasía y realidad
3) Narración imaginaria cuyos personajes son personas, animales o cosas
4) Narraciones cortas que nos hacen reír
5) Oraciones difíciles de pronunciar con palabras que se repiten

2. Subraya las oraciones en que se utilicen metáforas.

a) Piel de porcelana

b) Boca carnosa

c) La pelota es roja

d) Corazón de cristal

e) Este chico es una luz

f) Su cabello es rubio

3. Ordena la siguiente información que se encuentra en una biografía.

a) Dónde y cuándo murió. ☐

b) Dónde y cuándo nació. ☐

c) Qué escribió. ☐

d) Quiénes fueron sus padres. ☐

e) Qué y dónde estudió. ☐

4. Completa las oraciones.

a) _____ es un arte escénico que se realiza frente a un _____.

b) _____ es hablar o leer en _____ expresando sentimientos.

5. Encierra en un círculo las palabras escritas correctamente.

    a) cascajo   b) adbiento   c) caja   d) hocoque

    e) migaga   f) fadversario   g) gestropaxo   h) ajo

    i) jerga   j) jabon   k) adbertir   l) relajo

6. Escribe en las líneas el inicio de cada refrán y agrega los puntos suspensivos como señal de frase incompleta. Fíjate en el ejemplo.

    a) "En la casa del ciego… el tuerto es rey".

    b) _____ no se le ve el colmillo".

    c) _____ no mires a quién".

    d) _____ ni tanto que no lo alumbre".

    e) _____ a aullar se enseña".

    f) _____ tal astilla".

7. Coloca en los chistes los signos ¿?, ¡! o — donde creas necesario.

    a) (   ) (   ) Para qué pones azúcar debajo de la almohada (   ) (   ) Preguntó el niño.
    (   ) Para tener dulces sueños.

    b) (   ) Qué le dijo una rosa a una azucena (   )
    (   ) (   ) Pues nos dejaron plantadas (   )

    c) (   ) Qué le dijo un globo a otro globo (   )
    (   ) (   ) Vámonos de reventón (   )

8. Redacta una invitación para la feria del libro de tu escuela. No olvides poner todos los datos necesarios.

Los formularios

Aprendizajes esperados: reconocer diferentes formularios para gestionar algunos servicios públicos; llenar diversos formularios para solicitar libros prestados en la biblioteca o acceder a diferentes servicios públicos que se ofrecen en la escuela o la comunidad.

> Los **formatos** o **formularios** son **documentos** en los que se usa una **plantilla** que debe llenarse con ciertos datos y que permite realizar algún tipo de **trámite** o **solicitar servicios** o **productos**. Los datos a completar varían dependiendo de cada formulario. Generalmente solicitan **datos generales** (nombre, edad, dirección) y **datos específicos** (relacionados directamente con el trámite que se hace).

1. **Completa los siguientes formularios con tus datos y escribe cuál es el trámite de cada uno.**

   a) Trámite que se elabora con este formato:

   _____
   _____
   _____
   _____
   _____

   BIBLIOTECA

   Nombre del alumno: _____
   Grado y grupo: _____
   Fecha en que perdió la credencial de la biblioteca: _____
   ¿Tenía libros en préstamo?: _____
   ¿Cuáles?: _____
   _____
   Fecha en que solicita la reposición de su credencial: _____

   b) Trámite que se elabora con este formato:

   _____
   _____
   _____
   _____

   BUBBLE correo electrónico

   Nombre: _____
   Apellido: _____
   Nombre de usuario: _____ @bubble.com
   Contraseña: _____
   Vuelve a introducir contraseña: _____
   Pregunta de seguridad: _____
   Respuesta: _____ ACEPTAR

2. **Lee los siguientes formularios y subraya con color rojo los datos generales que solicitan. Subraya con azul los datos específicos.**

   a)

   AUTORIZACIÓN PARA SALIDA
   VISITA MUSEO DE LA CIUDAD

   Nombre del padre o tutor: _____
   Autoriza la salida a la visita al Museo de la Ciudad que se realizará el 21 de marzo con el profesor Ernesto Sánchez
   Nombre del alumno: _____
   Grado y grupo: _____
   Fecha y firma: _____

   b)

   SUSCRIPCIÓN A LA REVISTA "CIENCIA KIDS"

   Nombre y apellidos: _____
   Dirección completa: _____
   Teléfono: _____
   Correo electrónico: _____
   Autorizo que se realice el cobro de la revista en la cuenta de banco número:
   Banco: _____
   Domicilio: _____
   Fecha: _____

Los formularios en la escuela

Aprendizaje esperado: analizar la información que se registra en los formularios escolares y la relaciona con su uso y funciones.

1. Completa los siguientes formularios que se utilizan en la escuela.

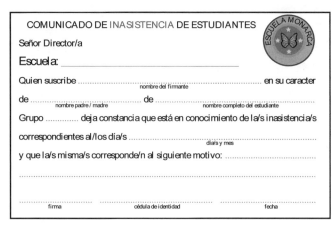

COMUNICADO DE INASISTENCIA DE ESTUDIANTES

Señor Director/a

Escuela: _____

Quien suscribe .... en su caracter
<small>nombre del firmante</small>

de .... de ....
<small>nombre padre / madre</small>   <small>nombre completo del estudiante</small>

Grupo .... deja constancia que está en conocimiento de la/s inasistencia/s

correspondientes al/los día/s ....
<small>día/s y mes</small>

y que la/s misma/s corresponde/n al siguiente motivo: ....

....

....
<small>firma</small>   <small>cédula de identidad</small>   <small>fecha</small>

SOLICITUD DE INSCRIPCIÓN

Escuela a la que solicita la inscripción: _____

Grado al que solicita la inscripción: _____

Nombre del alumno (Apellidos/Nombre): _____

Fecha de nacimiento (dd/mm/aa): _____

Domicilio (Calle, número, colonia): _____

Teléfono: _____

DATOS DEL PADRE O TUTOR

Apellido y nombre: _____

Nacionalidad: _____

Ocupación: _____

EXAMEN FINAL DE ESPAÑOL 4o. GRADO

Escuela: _____

Alumno (Apellidos/Nombre): _____

Grado y grupo: _____

Profesor: _____

INSTRUCCIONES: Elige la respuesta...

2. Escribe quién debe llenar los siguientes formularios en la escuela:

> alumno   padre de familia   maestro

a) Lista de asistencia de los alumnos _____

b) Ficha de préstamo de libro a domicilio_____

c) Citar a un padre de familia _____

d) Solicitud de inscripción _____

Usos del formulario

Aprendizaje esperado: reconocer la utilidad de los formularios y los datos que se solicitan.

1. Observa las siguientes situaciones y escribe para qué se llena un formulario en cada caso.

a)

_____

_____

_____

c)

_____

_____

_____

b)

_____

_____

_____

d)

_____

_____

_____

2. Marca con una ✔ aquellos datos que usualmente se piden en un formulario, y con un ✗ aquellos que no suelen pedirse.

a) Edad _____

b) Color favorito _____

c) Correo electrónico _____

d) Nombre de tu profesor(a) _____

e) Dirección _____

f) Nombre de tus padres _____

g) Nombre de tu escuela _____

3. **Escribe por qué es importante incluir los siguientes datos en el formulario. ¿Cuál es su utilidad? ¿Para qué sirven?**

a) En un formulario para solicitar una visita guiada a un museo para el grupo, ¿cuál es la utilidad de incluir el total de alumnos que asistirán y la hora en que irán?

_____

_____

b) En un formulario para solicitar una beca o descuento de la colegiatura, ¿cuál es la utilidad de incluir el promedio de calificaciones del alumno que solicita la beca o descuento?

_____

_____

4. **Elige cuál de los siguientes datos es más conveniente incluir en los siguientes formularios.**

a) En un formulario de una salida a una excursión en el bosque, ¿qué dato es más conveniente incluir?

- Alergias del alumno
- Teléfono en caso de emergencia

Porque _____

_____

b) En un formulario para solicitar la visita a la escuela de un padre de familia, ¿qué dato es más conveniente incluir?

- Motivo por el que se solicita su presencia
- Fecha y hora de la cita

Porque _____

Las abreviaturas y los formularios

Aprendizajes esperados:reflexionar sobre las características gráficas y de diseño de diferentes formatos como logos, topografía, recuadros, etcétera; distinguir la utilidad de las abreviaturas en formatos y otros documentos.

Las **abreviaturas** son reducciones de una palabra. Suelen iniciar con mayúscula y cerrarse con punto. Por ejemplo: Nac. (nacimiento). Las **siglas** son las palabras que se forman con las iniciales de un conjunto de palabras. Por ejemplo: SEP (Secretaría de Educación Pública).

1. **Observa los siguientes formularios. Encuentra las abreviaturas y siglas, y escribe sus significados.**

ASTROS FUTBOL ASOCIACIÓN

Nombre: _____
Dom.: _____
   Calle: _____
   Col.: _____
   C.P.: _____
Escuela: _____
Grado:_____ Grupo:_____

DI—VER—JUEGA
ESCUELA DE VERANO
INCORPORADA A LA SEP

talleres verano 2013

Nombre: _____
Dirección
   Calle: _____
   Col.: _____
   C.P.: _____
Esc.: _____
Gdo.:_____ Gpo.:_____

PERMISO PARA SALIR DE EXCURSIÓN

Por medio de la presente doy permiso a mi hijo (a) _____

del grado _____ grupo _____ para salir de excursión con la escuela.

Atte:
Nombre del padre _____

Firma _____

SOLICITUD INDIVIDUAL DE INSCRIPCIÓN O ACTUALIZACIÓN AL PADRÓN ELECTORAL Y RECIBO DE LA CREDENCIAL

◆INE
Instituto Nacional Electoral

FECHA DE TRÁMITE	CLAVE ÚNICA DE ELECTOR	FOLIO NACIONAL	TIPOS DE TRÁMITE	
PARA USO EXCLUSIVO DEL RFE				FOTOGRAFÍA
ENTIDAD		DISTRITO		
MUNICIPIO		SECCIÓN		
LOCALIDAD		MANZANA		
DOMICILIO				
CALLE			No. EXT.	No. INT.
COLONIA		C.P.	TIEMPO DE RESIDENCIA	
NOMBRE COMPLETO				
APELLIDO PATERNO	APELLIDO MATERNO		NOMBRE(S)	
DATOS GENERALES				
LUGAR DE NACIMIENTO	FECHA DE NACIMIENTO	EDAD	SEXO	No. DE CERTIFICADO DE NATURALIZACIÓN Y FECHA	ESCOLARIDAD
OCUPACIÓN	CURP	GEMELO	TIPO DISCAPACIDAD	

a) _____ = _____   g) _____ = _____

b) _____ = _____   h) _____ = _____

c) _____ = _____   i) _____ = _____

d) _____ = _____   j) _____ = _____

e) _____ = _____   k) _____ = _____

f) _____ = _____   l) _____ = _____

2. Escribe el significado para las siguientes siglas y abreviaturas.

a) Apdo. _____

B) CURP _____

c) Av. _____

D) CONAFE _____

e) P. ej. _____

F) CIJ _____

(globos de diálogo)

¿Estudiamos mat. en mi dom.?

Sí. Mis calif. fueron muy bajas este sem.

¿?

3. Escribe una *S* si se trata de siglas, y una *A* si se trata de una abreviatura.

a) SRE ___   b) DF _____   c) Sec. _____

d) EDUSAT ___   e) Arq. _____   f) Edo. _____

4. Observa los cuatro formularios de la página anterior y haz lo que se pide.

a) ¿Para qué se utilizan las siglas y abreviaturas en los formularios?

_____

b) Encierra en un círculo los logotipos que encuentres en los formularios.

c) ¿Para qué es el recuadro del formulario del INE?

_____

d) ¿Son todas letras del mismo tipo y tamaño? _____

e) ¿Por qué? _____

_____

f) ¿Qué diferencias encuentras en los cuatro formatos?

_____

_____

De Norte a Sur

Aprendizajes esperados: interpretar croquis para identificar trayectos; describir trayectos a partir de la información que aparece en los croquis.

Un **croquis** es un trazo o diseño de un lugar que se hace a mano y sin valerse de instrumentos geográficos. Es la forma más sencilla de un mapa. Sirve para localizar un lugar en un territorio pequeño.

1. Observa el siguiente croquis y escribe qué hay en la dirección indicada.

a) Al norte del mercado: _____

b) Al sur del parque municipal: _____

c) Al este de la escuela secundaria: _____

d) Al oeste del hospital: _____

e) Entre el deportivo y la escuela secundaria: _____

f) Entre el deportivo y el hospital: _____

2. Elige un punto de partida en el croquis y señala lo que hay a su alrededor en cada punto cardinal.

Punto de partida: _____

Al norte: _____   Al este: _____

Al sur: _____   Al oeste: _____

Los señalamientos en los croquis y planos son de tipo informativo e indican dónde se encuentran lugares como servicios médicos o lugares turísticos.

3. Observa los siguientes señalamientos y escribe una ✔ en aquellos que pueden aparecer en un croquis o en un plano.

a) **CURVA**

_____

b) **PROHIBIDO ESTACIONARSE**

_____

c) **TELEFÉRICO**

_____

d) **CEDA EL PASO**

_____

e) **PROHIBIDO REBASAR**

_____

f) **GASOLINERA**

_____

g) **CRUCE DE ESCOLARES**

_____

h) **ESTACIONAMIENTO**

_____

4. Dibuja un señalamiento para cada caso.

Iglesia	Restaurante

Siguiendo el camino

Aprendizaje esperado; describir trayectos a partir de la información que aparece en los croquis.

1. **Según el croquis de la página 80, describe el recorrido que hay que seguir desde la estación de autobuses hasta los siguientes puntos.**

   a) El hospital _____

   _____

   _____

   _____

   _____

   b) El mercado _____

   _____

   _____

   _____

   _____

   _____

2. **Indica a qué punto llegas siguiendo las siguientes instrucciones.**

   a) Si estás en la farmacia y avanzas una calle

   al sur y tres al oeste, _____

   _____

   b) Si estás en el deportivo y avanzas dos calles

   al sur, _____

   _____

   c) Si estás en el banco y avanzas tres calles

   al norte y tres al este, _____

   _____

¿Cómo llego?

Aprendizaje esperado: interpetar y utilizar el vocabulario adecuado para dar indicaciones sobre lugares o trayectos.

1. **¿Qué palabras son comunes cuando das indicaciones sobre lugares o trayectos? Encuentra algunas en la siguiente sopa de letras:**

cruce   derecha   izquierda   esquina   hacia   intersección
paralelo   perpendicular   semáforo

I	N	T	E	R	S	E	C	C	I	Ó	N	X	G	H
A	F	S	E	M	Á	F	O	R	O	L	P	T	E	A
W	S	E	D	A	U	J	B	T	R	W	Q	L	P	C
E	P	M	R	G	X	B	J	K	L	I	R	E	E	V
F	A	S	S	H	E	S	C	G	Y	J	K	M	R	L
R	R	T	U	A	M	E	R	S	C	E	C	A	P	Ñ
T	A	B	I	C	R	U	C	E	R	N	H	E	E	R
I	L	V	P	I	B	E	L	M	R	T	C	S	N	Q
O	E	M	O	A	A	B	A	N	K	C	Z	Q	D	E
A	L	N	J	R	E	G	B	A	O	T	E	U	I	I
C	O	I	Z	Q	U	I	E	R	D	A	S	I	C	B
E	C	Q	E	T	H	K	O	B	C	I	U	N	U	A
O	F	Z	S	I	B	E	N	T	G	U	M	A	L	A
U	G	A	S	D	F	G	J	L	T	E	O	N	A	R
B	H	G	H	U	D	E	R	E	C	H	A	E	R	C

2. **Subraya la palabra que define correctamente cada caso.**

a) Punto donde se encuentran dos líneas.

- paralelo
- intersección
- perpendicular

b) Dos o más líneas que se prolongan sin encontrarse.

- paralelas
- intersección
- perpendicular

3. **Escribe correctamente las siguientes palabras.**

a) interseccion

b) perpéndicular

c) semaforo

d) izquiérda

_____   _____   _____   _____

Para que nada falte

Aprendizajes esperados: reconocer la función y características de los instructivos; interpetar la información que presentan.

1. Une cada definición con la palabra correspondiente.

a) Nombre de la manualidad

• Cada uno de los pasos que hay que seguir en la elaboración de la manualidad

b) Materiales

• Palabra o palabras que definen la manualidad que se va a realizar

c) Instrucciones

• Cada uno de los insumos necesarios para hacer la manualidad

2. Observa los siguientes instructivos. Señala qué parte falta en cada uno.

ANTIFAZ DE CARNAVAL

1. Recortar la cartulina siguiendo el molde del antifaz.
2. Decorar con colores, listones, brillantina.
3. ¡Listo! Ahora tienes tu antifaz.

BOLSITAS DECORADAS

Materiales:
• Fieltro de color
• Retazos de tela de colores Tijeras, hilo y aguja.
• Lápiz y regla

a) Falta: _____

b) Falta: _____

Infinitivo para las instrucciones

Aprendizajes esperados: reflexionar sobre el uso de los verbos en la estructura y contenido de los instructivos; emplear verbos en infinitivo al redactar instrucciones

Infinitivo: forma no personal del verbo cuya terminación es *ar, er, ir*.

1. **Ordena los siguientes verbos según su terminación:** *ar, er, ir*.

   apagar   verter   cortar   borrar   barrer   vivir   leer   construir   dirigir

ar	er	ir

2. **Lee la siguiente lista de verbos y conviértelos en verbos infinitivos.**

   a) envuelve _____

   b) separa _____

   c) sal _____

   d) aplica _____

   e) corta _____

   f) riega _____

   g) sube _____

   h) haz _____

3. **De los ejercicios anteriores, escoge tres verbos y escribe una instrucción con cada uno de ellos.**

NO CORRO
NO EMPUJO
NO GRITO

No correr,
no gritar,
no empujar

   _____

   _____

   _____

¿Qué ves cuando ves tele?

Aprendizajes esperados: analizar y comenta programas de televisión que sean de su interés; compartir cuáles son sus programas favoritos, qué temas tratan y por qué le interesan.

La **televisión** es un **medio de comunicación** que consiste en un sistema de **transmisión de imágenes y sonido** a distancia a través de ondas. Un **programa de televisión** es un conjunto de **emisiones periódicas** que se identifican con el mismo título y ofrecen **contenidos** divididos en **bloques**. Hay programas de deportes, culturales, de entretenimiento, informativos, entre otros.

1. **Une las características de un programa de televisión con la imagen.**

   a) Su principal función es entretener.

   b) Tienen imágenes sin movimiento.

   c) Se transmiten por bloques.

   d) Tienen un título.

   e) Se transmiten por medio del radio.

2. **Encierra en un círculo el tipo de programas que ves generalmente en la televisión.**

   a) caricaturas   b) programas deportivos   c) telenovelas   d) noticieros

   e) series   f) programas de concursos   g) *reality shows*   h) películas

3. **Piensa en tu programa favorito y contesta las siguientes preguntas.**

   a) ¿Cuál es el título de tu programa favorito?

   _____

   b) ¿De qué trata?

   _____

   c) ¿Por qué te gusta?

   _____

   d) ¿Cuál es tu personaje favorito y por qué?

   _____

Analizamos programas de la tele

Aprendizajes esperados: analizar los contenidos y el tratamiento de la información de algunos de los programas que ve habitualmente; reflexionar sobre el uso de adjetivos, adverbios y frases adjetivas para describir y valorar los programas.

1. Imagina que vas a analizar tu programa favorito; subraya las preguntas que te servirán.

a) ¿Quién escribió el programa?

b) ¿De qué trata el programa?

c) ¿Cuál es el color favorito del protagonista?

d) ¿Dónde nació el escritor?

e) ¿Presenta algún conflicto entre los personajes? ¿Cuál es?

f) ¿Qué mensaje transmite el programa?

g) ¿Cómo se resuelven los conflictos en el programa?

h) ¿Qué estudió el director?

i) ¿Qué tipo de programa es?

2. Escribe el análisis de tu programa favorito. Responde las preguntas que subrayaste y utiliza adverbios, adjetivos y frases adjetivas.

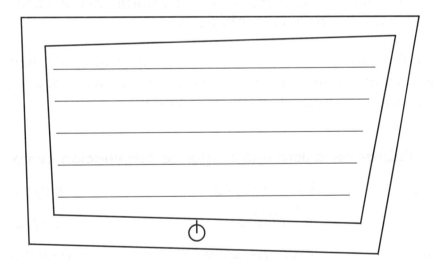

3. Pregunta a tus compañeros cuál es su programa favorito y anota lo que se te pide.

a) ¿Repitieron algún programa? _____

b) ¿Cuál? _____

c) ¿Por qué crees que es el que más se repitió?_____

_____

d) ¿Tiene algún mensaje ese programa? ¿Cuál es? _____

_____

Uso de v en los sufijos -iva, -ivo

Aprendizaje esperado: utilizar correctamente la letra v en los sufijos *iva* e *ivo*.

1. **Utiliza algunas de las siguientes palabras para completar el texto que aparece a continuación.**

| decisivo | televisivo | pensativo | emotivo | compulsivo |

Paco quiere ser biólogo marino y en un mensaje _____ se enteró de que en un futuro próximo los buzos podrán comunicarse con más facilidad gracias a los avances tecnológicos.

La maestra Paty le recomendó asistir a un campamento en vacaciones para descubrir si realmente le gustaría vivir cerca del mar. Paco estuvo muy _____ toda la mañana tratando de planear sus próximas vacaciones.

2. **Subraya las palabras de la lista que tengan la terminación -iva o -ivo.**

a) voluntarioso

b) imperativa

c) vengativa

d) imperativo

e) brillaba

f) compraba

g) necesitaba

h) cooperativa

i) preventiva

j) movilidad

k) elaboraba

l) curativa

3. **Utiliza algunas de las palabras subrayadas para completar las oraciones.**

a) La luz ámbar de un semáforo es _____

b) La _____ dejó de funcionar por acuerdo de sus socios.

c) Si hay una necesidad urgente que atender, es un asunto prioritario o

_____

4. **Agrega el sufijo *-iva* o *-ivo* para derivar las palabras. Fíjate en el ejemplo:**

   a) imaginación   <u>imaginativa o imaginativo</u>

   b) recreación   _____

   c) compulsión   _____

   d) destruir   _____

   e) contemplación   _____

5. **Ordena las sílabas y escribe las palabras que resulten:**

   a) trac a vo ti   _____

   b) vo ti po si   _____

   c) per vo sua si   _____

   d) vo si ma   _____

   e) pre ven vo ti   _____

> Las palabras que llevan los sufijos **-iva** o **-ivo** se escriben con **v**: contemplativo, vocativo, imperativo; llamativa, exclusiva, correctiva.
>
> Un **sufijo** es la terminación que se agrega a una palabra.

6. **Consulta en un diccionario el significado de las palabras que acabas de escribir y anótalo en tu diccionario personal.**

7. **¿Qué acontecimiento te recuerdan las palabras *festivo(a)*, *imaginativo(a)*, *emotivo(a)*? Nárralo a continuación utilizando las palabras.**

   _____

   _____

   _____

   _____

   _____

   _____

   _____

   _____

Anuncios que convencen

Aprendizaje esperado: identificar los recursos de los textos publicitarios y toma una postura crítica ante ellos.

Los **anuncios publicitarios impresos** tienen imágenes y texto. Buscan **informar y persuadir** mediante el uso de frases que relacionan al producto con una situación que se desea alcanzar como fama, poder, belleza, diversión, etc. Los **textos** son breves y sugerentes, las **ilustraciones** presentan situaciones de felicidad y abundancia. La **frase principal** de un anuncio se llama **eslogan**.

1. Observa los siguientes anuncios y subraya sus eslóganes.

a)

b)

2. Escribe qué se consigue (fama, poder, diversión) según cada uno de los anuncios anteriores. Justifica tu respuesta.

_____

_____

3. Observa los siguientes anuncios y contesta las preguntas.

a) ¿Es verdad que serás el más veloz si compras la motoneta "Tornado"? ¿Qué piensas?

_____

_____

b)   ¿Es verdad que serás la más bonita si compras los artículos "Princesa"? ¿Qué piensas?

_____

_____

La etiqueta primero

Aprendizajes esperados: identificar la utilidad de los diferentes tipos de información que proveen las etiquetas y los envases comerciales; reconocer las ventajas del consumo responsable y de la toma de decisiones en función de la información que expone el producto.

> Para garantizar la calidad de los productos, o advertir sobre su contenido tóxico, forma de uso o cuidado, se utilizan las **etiquetas**. Deben tener datos como la información nutricional, ingredientes, contenido, y quién y dónde lo produce.

1. Lee detalladamente la información que contienen las etiquetas.

Gomitas de dulce elaboradas por Dulces Mexicanos S. A. de C. V.
Miguel Hidalgo no. 29-A, Col. San Juan, C. P. 01520, Naucalpan, Estado de México.

Tabla nutrimental

Ración	80g
Contenido energético	500 Kcal
Grasa	0.66 g
Carbohidratos totales	79.24 g
Sodio	24 mg

Ingredientes: Azúcar, glucosa, grenetina, ácido cítrico, citrato de amonio, agua purificada, saborizantes y colorantes artificiales.
DEPOSITE EL ENVASE VACÍO EN LA BASURA
Atención al consumidor: 89 01 15 20
www.dulcesmexicanos.com.mx
Consúmase preferentemente antes de: **MARZO 2015**.

Instrucciones: Aplique una pequeña cantidad en la palma de las manos y frote hasta secar.

Advertencia: Inflamable. No se aplique cerca de los ojos. Suspenda su uso si hay irritación en la piel. Si se ingiere, consulte a su médico. No se deje al alcance de los niños.

Ingredientes: Alcohol etílico 62 %, agua, glicerina, miristrato de isopropilo, propilenglicol, acetato de tocoferilo, carbomero, fragancia.

Elaborado por Antiseptic S. A. de C.V.
Canela no. 8, Col. Barrio Nuevo, 02425, Chalco, Estado de México.

Si desea hacer algún comentario sobre este producto, escriba a: clean@antiseptic.com.mx

2. Completa el cuadro con una ✔ en los elementos que contiene cada etiqueta.

Información	Etiqueta 1	Etiqueta 2
a) Instrucciones de uso		
b) Precauciones		
c) Ingredientes		
d) Datos del fabricante		
e) Distribuidor		
f) Peso		
g) Caducidad		
h) Contenido energético		

3. ¿Qué diferencias encuentras entre un anuncio publicitario y una etiqueta comercial?

_____

_____

Datos, relatos y algo más

Aprendizaje esperado: recordar las características de las notas informativas y los datos que incluyen.

> La **nota periodística** o **informativa** pertenece al género periodístico y tiene el objetivo de **informar** oportunamente sobre un **hecho** o acontecimiento importante. Para investigar una noticia el periodista debe **responder** a las **preguntas**: qué, quiénes, cuándo, dónde, cómo, por qué o para qué.

1. Lee la siguiente noticia y completa la tabla.

LA LLEGADA DE INTERNET HA CAMBIADO NUESTRA VIDA

17 / 05 /11

Con motivo del Día de internet, reporteros del diario El universo reformado entrevistan a sus lectores para conocer cómo ha cambiado sus vidas la llegada del internet.

Monterrey, México. Esta mañana, los reporteros de este diario entrevistaron a decenas de usuarios de internet para saber cómo ha cambiado sus vidas el uso de este servicio.

Las respuestas han sido sorprendentes por su variedad. Para unos, la llegada del internet ha cambiado positivamente sus vidas pues ahora están más comunicados con sus amigos y familiares, acceden a noticias de todo el mundo o encuentran juegos y opciones de diversión en la web. Sin embargo, otros usuarios señalan que pasar tiempo en la red les produce una sensación de soledad y vacío.

Este diario invita a sus lectores a escribir sus relatos sobre el cambio de sus vidas con la llegada del internet. Los mejores relatos serán publicados en la edición vespertina.

a) ¿Qué pasó en esta noticia?	
b) ¿Quiénes estuvieron involucrados?	
c) ¿Cuándo pasó?	
d) ¿Dónde pasó?	
e) ¿Cuáles fueron las consecuencias o el desenlace?	Los mejores relatos serán publicados en la edición vespertina del periódico.

Lo más importante

Aprendizaje esperado: organizar la información de una nota informativa de acuerdo a su importancia.

1. **Organiza los siguientes datos del más al menos importante para ser presentados en una noticia.**

a) La solicitud de la inscripción al siguiente ciclo escolar se realizará por internet. _____

Las autoridades escolares esperan una respuesta favorable de los padres de familia. _____

La solicitud de inscripción no tendrá ningún costo. _____

b) El alumno que copió trabajos de internet, reconoce que lo hizo por flojera y promete no hacerlo otra vez si lo admiten en la escuela. _____

Los profesores presentaron una queja ante la dirección. _____

Un alumno es expulsado por presentar trabajos que copió de internet. _____

c) Los hábitos de comunicación han cambiado con la llegada de internet. _____

Cada vez disminuye más el envío de mensajes a través del celular. _____

La tendencia actual es enviar mensajes a través de las redes sociales de internet. _____

2. **Compara tus respuestas con las de tus compañeros y observa si existen diferencias. Argumenta el orden de tu organización.**

_____

_____

_____

_____

La pirámide invertida

Las **noticias** se organizan siguiendo el formato de la pirámide invertida: titular, subtítulo, entradilla, cuerpo de la noticia.

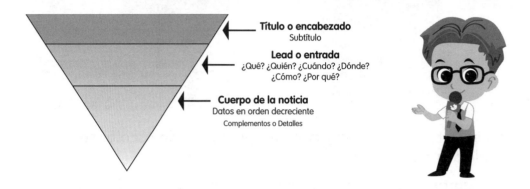

Título o encabezado
Subtítulo

Lead o entrada
¿Qué? ¿Quién? ¿Cuándo? ¿Dónde?
¿Cómo? ¿Por qué?

Cuerpo de la noticia
Datos en orden decreciente
Complementos o Detalles

1. **Lee las siguientes noticias e identifica cada una de las partes de la pirámide invertida.**

UN HOMBRE SORTEA SU CASA EN INTERNET AL NO PODER VENDERLA

06 / 03 /10
El sorteo será el día 15 de diciembre de 2011 ante notario público.

Chiapas, México. Un hombre desesperado por no poder vender su casa, decide organizar una rifa en internet para sortearla.

Un hombre de 45 años sortea una casa con 250 metros cuadrados de terreno, a través de una rifa en internet para la que hay que pagar boletos de 1000 pesos.

La esposa de este hombre tuvo la idea cuando vio que en algunos países se realizaban estos sorteos.

Esta rifa ha ocasionado una polémica, pues en nuestro país estos concursos están prohibidos en la red y es probable que dicha rifa sea cancelada. Si el dueño de la casa consigue las autorizaciones pertinentes, el sorteo se celebrará el 15 de diciembre cuando haya 12 000 boletos vendidos.

La voz de Chiapas. Edición vespertina.

a) _____

b) _____

c) _____

d) _____

ALUMNOS DE PRIMARIA ESCRIBEN Y PUBLICAN CUENTOS Y POESÍA EN INTERNET

09 /11 /10

Los niños reciben comentarios y felicitaciones de otros colegios del país por la originalidad de sus escritos.

Pachuca, México. Alumnos de 4° grado del municipio Benito Juárez, publican en un blog los cuentos y poesías que han escrito en el ciclo escolar.

Alumnos de diversos colegios del municipio Benito Juárez se convierten en escritores y publicarán sus producciones a través de internet, asesorados por un grupo de profesores de la asignatura de Español.

"Hay mucho talento entre los alumnos y es una pena que no haya publicidad de los cuentos, poemas o historias que los niños crean", señaló uno de los profesores que promueve este proyecto.

Profesores de otros municipios de Pachuca imitan esta original propuesta.

Noticias de actualidad.

a) _____

b) _____

c) _____

d) _____

2. **Identifica la información más relevante de las noticias que acabas de leer y completa la siguiente tabla.**

a) ¿Qué pasó?		
b) ¿Quiénes estuvieron involucrados?		
c) ¿Cuándo pasó?		
d) ¿Dónde pasó?		
e) ¿Cómo pasó?		
f) ¿Cuáles fueron las consecuencias o el desenlace?		

Siempre en tercera persona

Aprendizajes esperados: redactar notas periodísticas breves utilizando párrafos en los que destaca el hecho, los protagonistas, lugares y fechas. Usa verbos conjugados en tercera persona para relatar los hechos; utilizar frases adjetivas para indicar modo y tiempo y comas para separar frases breves.

Las noticias siempre se redactan en **tercera persona** (él/ella/ellos), usando diversos sustantivos para no personalizar. Por ejemplo: en vez de decir "Sandra, de ocho años fue internada en el hospital", se dice "Niña de ocho años es internada en el hospital".

1. **Escribe en tercera persona los siguientes datos.**

   a) Dato 1:
   > Laura y Jorge de cuarto año recibieron una computadora como premio por su promedio escolar.

   En tercera persona: _____

   _____

   b) Dato 2:
   > Laura y Jorge están contentos pues utilizarán esa computadora en sus tareas escolares.

   En tercera persona: _____

   _____

   c) Dato 3:
   > Juan Morales, director de la escuela, desea extender este reconocimiento a María y Víctor, alumnos del quinto año.

   En tercera persona: _____

   _____

2. **Escoge dos oraciones de las que escribiste y redacta un párrafo para la noticia. Utiliza frases adjetivas y comas para separar las oraciones.**

   _____

   _____

   _____

   _____

Hechos y opiniones

Aprendizaje esperado: distinguir entre hechos y opiniones personales.

> En un texto o nota informativa se narran hechos y opiniones. Un **hecho** es algo es **verdadero**, que **se puede comprobar**. Una **opinión** expresa lo que alguien **piensa** o **siente** y **no** puede ser **probada**. **Ejemplo: Hecho:** el verano es la estación más lluviosa. **Opinión:** me gusta el verano porque hay vacaciones.

1. Lee el siguiente texto.

SEMANARIO

LA VOZ DE LOS NIÑOS

CDMX, miércoles 8 de enero de 2020

Nueva sala de cómputo

La escuela primaria Instituto Miguel Hidalgo, inaugura su nueva sala de cómputo, la cual cuenta con instalaciones muy modernas y las computadoras más avanzadas del mercado. Creemos que con esta sala los alumnos tienen una gran herramienta que les permitirá realizar mejor sus tareas y trabajos, y tener acceso a toda la información que se puede obtener vía internet con una computadora.

Para construirla colaboran padres, alumnos y maestros que con su esfuerzo y empeño hacen rifas, kermeses, bailes y una gran variedad de eventos para recaudar fondos y comprar todo lo necesario. Para nosotros sin duda, el trabajo en equipo es la mejor manera de colaborar y lograr objetivos en nuestra comunidad.

Esta nueva sala cuenta con 15 computadoras completas, un proyector y una pantalla de gran tamaño para proyectar videos y presentaciones. Deseamos que sea de gran utilidad para todos.

2. Escribe *H* si la oración se refiere a un hecho, y *O* si es una opinión.

a) La escuela Instituto Miguel Hidalgo inauguró su nueva sala de cómputo. _____

b) La sala cuenta con las computadoras más avanzadas del mercado. _____

c) Creemos que con esta sala los alumnos tienen una gran herramienta. _____

d) Para construirla colaboraron padres, alumnos y maestros. _____

e) Sin duda, el trabajo en equipo es la mejor manera de colaborar. _____

f) Deseamos que sea de gran utilidad para todos. _____

Uso de *b* en el prefijo *sub-*

Aprendizaje esperado: utilizar y escribir correctamente el prefijo *sub*.

1. Lee el texto.

DIARIO EL PATITO

México, D.F., lunes 16 de marzo de 2020

PRONTO LOS BUZOS PODRÁN PLATICAR MIENTRAS TRABAJAN

Tres compañías británicas unen esfuerzos para desarrollar un sistema subacuático de comunicaciones a través del cual se transmitirán y recibirán datos de maquinaria submarina teledirigida. Los buzos podrán hablar bajo el agua y las comunicaciones en el medio subacuático aumentarán su calidad y velocidad.

NOTICIAS DESDE LO PROFUNDO DEL METRO

El tren subterráneo es actualmente parte del paisaje urbano de las grandes ciudades; es un transporte rápido, evita la contaminación y ayuda a recorrer la ciudad entera. Es también un espacio para difundir la cultura. El tren subterráneo de Tokio se llama Oedo. Empezó a funcionar en el año 2000 y una de sus principales ventajas es la comodidad que ofrece a personas con capacidades diferentes. Cada estación tiene elevadores y escaleras automáticas; mapas guía con sistema de respuesta en audio y títulos en braille.

2. Responde las preguntas.

a) ¿Cómo se le llama al tren subterráneo en nuestro país?

_____

b) ¿Cómo te imaginas que puede realizarse la comunicación subacuática?

_____

_____

_____

3. Subraya en el texto las palabras *subterráneo* y *subacuático*. Después responde las preguntas.

   a) ¿Qué letras se repiten al inicio de las palabras subterráneo y subacuático?

   _____

   b) ¿Conoces otras palabras que empiecen igual? Escríbelas.

   _____

> Un **prefijo** es la letra o letras que se escriben al principio de alguna palabra y modifican su significado, como acuático (relativo al agua) y subacuático (debajo del agua).

4. Agrega el prefijo *sub-* a las palabras que aparecen a continuación y escribe una oración breve con cada una de las palabras que formaste.

   a) _____ secretaría _____

   b) _____ múltiplo _____

   c) _____ jefe _____

   d) _____ sistema _____

   e) _____ director _____

5. Observa y analiza: ¿qué significado adquieren las palabras al agregarles el prefijo *sub-*? Coméntalo con tu maestro y con tus compañeros.

   _____

6. Completa la regla ortográfica.

   La partícula _____ al principio de palabra significa bajo o debajo. Este prefijo

   se escribe con _____

7. Escribe un texto relacionado con la imagen de esta página. Utiliza al menos tres palabras que lleven el prefijo *sub-*.

   _____

   _____

8. Reúnete con un compañero o compañera e intercambien sus escritos. Subrayen las palabras que lleven el prefijo *sub-*. Verifiquen que estén bien escritas.

Diferentes situaciones, diferentes lenguajes

Aprendizajes esperados: observar la variación del estilo al hablar, según el grado de formalidad de la situación; explorar y recopilar diversas formas de hablar según la situación comunicativa: compraventa de productos, reunión de padres, fiestas familiares o exposiciones.

> La **manera de hablar** para comunicarnos, **cambia** dependiendo de la **situación**, el **receptor** del mensaje y el **contexto**. Hay dos tipos principales de **lenguaje**: **formal o informal**.

1. **Observa los diálogos de las siguientes ilustraciones y une cada una con la situación que le corresponda.**

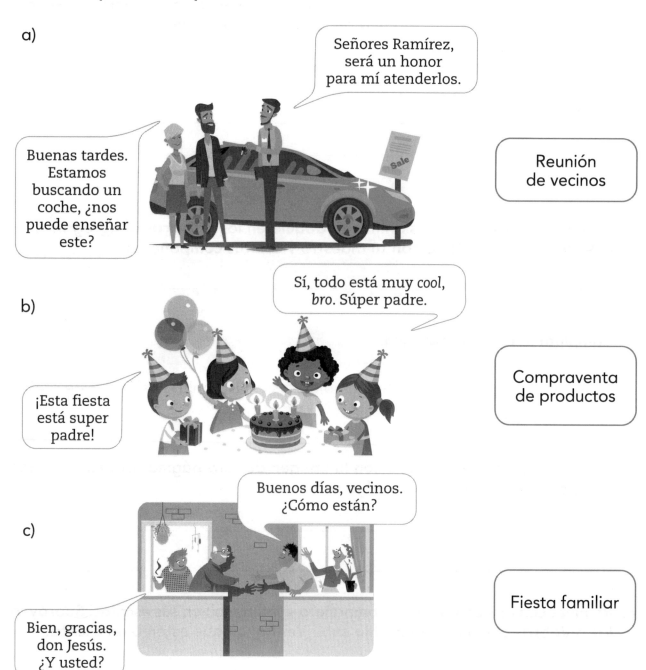

a)

> Señores Ramírez, será un honor para mí atenderlos.

> Buenas tardes. Estamos buscando un coche, ¿nos puede enseñar este?

Reunión de vecinos

b)

> Sí, todo está muy *cool*, *bro*. Súper padre.

> ¡Esta fiesta está super padre!

Compraventa de productos

c)

> Buenos días, vecinos. ¿Cómo están?

> Bien, gracias, don Jesús. ¿Y usted?

Fiesta familiar

¿Formal o informal?

Aprendizajes esperados: distinguir el lenguaje formal del informal; conocer expresiones coloquiales de su comunidad y las utiliza de manera pertinente; reflexionar sobre la importancia que tiene para la vida social hablar y escribir según el contexto y los interlocutores.

El **lenguaje informal** es el que se utiliza al hablar con los **pares y gente** con la que se tiene mucha **confianza**. Ejemplo: entre amigos, familiares, compañeros de cursos, etc. El **lenguaje formal** se utiliza en **situaciones** más **serias y formales**, donde los hablantes, generalmente, tienen una **relación lejana**. Ejemplo: doctor-paciente, jefe-empleado, padres-maestros, vendedor-comprador, etc. No se utiliza diariamente.

1. **Lee de nuevo los diálogos de la página anterior. Después, subraya con rojo las oraciones que indican características del lenguaje formal, y con azul las del lenguaje informal.**

a) Se repite mucho una misma idea.

b) Adecuado y variado vocabulario sin evidente repetición de palabras.

c) Utilización de modismos.

d) Las oraciones suelen ser simples y cortas.

e) Se usa una correcta pronunciación de las palabras.

f) Se utilizan frases u oraciones más largas.

g) Se utilizan apodos para dirigirse al receptor.

h) No se usan muletillas, vulgarismos ni modismos.

i) A veces se omiten palabras para que la comunicación sea más rápida.

j) No hay omisiones, las frases están completas.

2. **Marca con una ✗ la respuesta correcta.**

a) Utilizar el lenguaje correcto para cada situación o contexto es importante porque…

- hablamos correctamente y quedamos bien con quien hablamos.

- obtenemos mayor posibilidad de jugar con esa persona.

b) La expresión "¡Qué onda! ¿A qué hora nos visenteamos?" se usa en el lenguaje…

- formal.   • informal.

c) La expresión "Disculpe, ¿podría decirme qué hora es?" se usa en el lenguaje…

- formal.   • informal.

Uso de la *j* en la terminación *jear*

Aprendizaje esperado: escribir correctamente las palabras terminadas en *jear*.

1. Conjuga los verbos que aparecen a continuación.

   a) Yo   _flojeo_   Yo   _hojeé_

   b) Tú   _____   Tú   _____

   c) Él   _____   Él   _____

   d) Nosotros _____   Nosotros _____

   e) Ustedes _____   Ustedes _____

   f) Ellos _____   Ellos _____

2. Subraya la terminación de los siguientes verbos, como se ve en el ejemplo.

   a) burbu<u>jear</u>   b) cojear   c) flojear   d) espejear   e) ojear

3. Completa la regla ortográfica.

   Los verbos terminados en _____ se escriben con _____ en todas sus conjugaciones.

Hojear un libro es muestra de flojear con sabiduría.

4. Utiliza algunas palabras de los recuadros para completar el párrafo que aparece enseguida.

   flojear   burbujeante   cotejar   canjear   ojeada   pejear

   Mariana le echó una _____ al anuncio y ha decidido _____ sus vales de ahorro para obtener dinero y así _____ un poco estas vacaciones disfrutando de los espectáculos del programa de primavera.

Repaso

1. Une las columnas izquierda y derecha.

a) Documento que debe llenarse con ciertos datos
para elaborar un trámite

(anuncio)

b) Texto que agrupa los pasos que se deben seguir
para hacer una actividad

(croquis)

c) Trazo de un lugar que se elabora a mano
para localizar un punto en un territorio pequeño

(formulario)

d) Texto que busca persuadir e informar con oraciones
llamativas

(instructivo)

2. Escribe la abreviatura de las siguientes palabras.

a) avenida _____   d) teléfono _____

b) doctor _____   e) hombre _____

c) esquina _____   f) norte _____

3. Subraya los elementos que creas que debe tener un croquis de las estaciones del metro.

a) El nombre de cada estación   d) Los colores de cada línea

b) Los monumentos y lugares más importantes de la ciudad   e) Los comercios que hay en cada estación

c) El número de cada línea   f) Las estaciones que conectan con otras líneas

4. Completa las siguientes reglas ortográficas.

a) Las palabras que llevan los sufijos _____ e _____ se escriben con *v*.

b) La partícula *sub* al principio de oración significa _____ y se escribe con _____.

c) Los _____ terminados en _____ se escriben con *j*.

d) Un _____ es la terminación que se agrega a una _____.

e) El signo de _____ se utiliza para separar frases cortas y _____.

5. **Observa el siguiente anuncio publicitario y subraya las características que lo describen.**

a) Imágenes grandes

b) Muy atractivo

c) Hay frases sugerentes

d) Hay mucho texto

e) Letras llamativas

f) Imágenes pequeñas

g) Poco atractivo

h) No hay frases sugerentes

i) Hay poco texto

j) Letras poco llamativas

BICICLETA RAYO

PARA LLEGAR COMO RAYO
¡CÓMPRALA YA!

6. **Lee la siguiente nota informativa y contesta las preguntas.**

a) ¿Qué sucedió? _____

_____

_____

b) ¿Quiénes participaron? _____

_____

_____

c) ¿Cuándo y dónde pasó? _____

_____

_____

d) ¿Cómo pasó? _____

_____

_____

NUEVA MONTAÑA MEGA

CDMX, de 30 junio 2019

La feria Divertida inauguró el pasado 25 de junio la Montaña Mega y el paseo en el Río Salvaje.

La Gobernadora de la Ciudad de México cortó el listón inaugural en presencia de invitados especiales y público en general.

Con esta inauguración, la feria Divertida tiene ahora la montaña rusa más grande del país.

7. **Escribe dos oraciones que se usen en tu comunidad como lenguaje formal, y dos que se utilicen como lenguaje informal.**

a) _____

b) _____

c) _____

d) _____

8. **Escribe _g_, _j_, _b_ o _v_ según corresponda.**

a) burbu____eé

b) aho____ué

c) compensa____a

d) Sub____erente

e) imperati____o

f) competiti____a

Valor posicional

Aprendizaje esperado: leer, escribir y ordenar números naturales hasta de cinco cifras.

En Méxic, usamos el sistema **decimal**, que se llama así porque tiene como base el número 10 y a cada dígito le corresponde una posición u orden.

Decena de millar	Unidad de millar	Centena	Decena	Unidad

El valor posicional es aquel que tienen los números según el lugar que ocupan en la cantidad. Ejemplo:

2 2**3**0 ⟶ El 3 está en el lugar de las decenas, por lo que su valor posicional es 30 (3 decenas).

2 18**3** ⟶ En esta ocasión, el 3 ocupa el lugar de las unidades, por lo que su valor posicional es 3.

1. **Encierra en un círculo. Sigue el ejemplo.**

   a) El número que representa las unidades.
   b) El número que representa las decenas.
   c) El número que representa las centenas.
   d) El número que representa las unidades de millar.
   e) El número que representa las decenas de millar.
   f) El número que representa las unidades.

   - 56 84④
   - 21 591
   - 27 105
   - 28 916
   - 94 656
   - 74 816

2. **Encuentra el valor posicional de los números marcados. Ayúdate del ejercicio anterior y sigue el ejemplo.**

   a) 6_7_ 932 _____7 000_____

   b) 38 0_3_0 _____

   c) 20_7_ _____

   d) _2_ 537 _____

   e) 48 3_9_6 _____

   f) _1_2 322 _____

   g) 94 9_7_8 _____

   h) 1_3_ 770 _____

3. Escribe una *V* si el enunciado es verdadero, o una *F* si es falso.

a) En el número 13 245, el **3** ocupa la posición de las unidades de millar. _____

b) En el número 78 002, el **2** ocupa la posición de las decenas. _____

c) En el número 248, el **4** ocupa el lugar de las decenas. _____

d) En el número 1 000, el **1** ocupa el lugar de las unidades de millar. _____

e) En el número 34 856, el **8** ocupa el lugar de las decenas. _____

f) En el número 71 433, el **7** ocupa el lugar de las unidades. _____

g) En el número 23 900, el **3** ocupa el lugar de las unidades de millar. _____

h) En el número 31 455, el **4** ocupa el lugar de las centenas. _____

i) En el número 971, el **9** ocupa el lugar de las centenas. _____

j) En el número 2 689, el **2** ocupa el lugar de las unidades de millar. _____

Antecesor y sucesor

Aprendizaje esperado: leer, escribir y ordenar números naturales hasta de cinco cifras.

> Todos los números tienen un **antecesor** y un **sucesor**. El antecesor es el número que se encuentra antes del número y el sucesor es el que se encuentra después del número.
>
> Ejemplo:
>
> El antecesor de 165 es 164, mientras que su sucesor es 166.

1. Completa la siguiente tabla. Fíjate en el ejemplo.

	Antecesor	Número	Sucesor
a)	499	500	501
b)		7 301	
c)	999		1 001
d)		67 036	
e)	82 098		82 100
f)		44 501	
g)		80 999	
h)		60 790	
i)		13 988	
j)	422		424
k)		12 000	

Sumas de números enteros

Aprendizaje esperado: resolver problemas de suma y resta con números naturales hasta de cinco cifras.

1. Resuelve las siguientes sumas.

a)
$$+\begin{array}{r} 9\,050 \\ 2\,177 \end{array}$$

b)
$$+\begin{array}{r} 8\,314 \\ 8\,722 \end{array}$$

c)
$$+\begin{array}{r} 2\,419 \\ 7\,696 \end{array}$$

d)
$$+\begin{array}{r} 3\,457 \\ 2\,317 \end{array}$$

e)
$$+\begin{array}{r} 7\,231 \\ 8\,469 \end{array}$$

f)
$$+\begin{array}{r} 1\,329 \\ 7\,781 \end{array}$$

g)
$$+\begin{array}{r} 5\,210 \\ 2\,193 \end{array}$$

h)
$$+\begin{array}{r} 5\,402 \\ 4\,098 \end{array}$$

i)
$$+\begin{array}{r} 8\,307 \\ 1\,693 \end{array}$$

j)
$$+\begin{array}{r} 9\,847 \\ 9\,952 \end{array}$$

k)
$$+\begin{array}{r} 4\,927 \\ 7\,081 \end{array}$$

l)
$$+\begin{array}{r} 1\,099 \\ 3\,901 \end{array}$$

Restas de números enteros

Aprendizaje esperado: resolver problemas de suma y resta con números naturales hasta de cinco cifras.

1. Resuelve las siguientes restas.

a)
$$-\begin{array}{r} 7\,014 \\ 332 \end{array}$$

b)
$$-\begin{array}{r} 8\,572 \\ 1\,414 \end{array}$$

c)
$$-\begin{array}{r} 5\,329 \\ 3\,721 \end{array}$$

d)
$$-\begin{array}{r} 8\,350 \\ 4\,714 \end{array}$$

e)
$$-\begin{array}{r} 6\,534 \\ 6\,415 \end{array}$$

f)
$$-\begin{array}{r} 4\,501 \\ 2\,712 \end{array}$$

g)
$$-\begin{array}{r} 9\,643 \\ 1\,419 \end{array}$$

h)
$$-\begin{array}{r} 7\,492 \\ 5\,314 \end{array}$$

i)
$$-\begin{array}{r} 6\,047 \\ 5\,631 \end{array}$$

j)
$$-\begin{array}{r} 2\,139 \\ 1\,419 \end{array}$$

k)
$$-\begin{array}{r} 8\,217 \\ 6\,348 \end{array}$$

l)
$$-\begin{array}{r} 1\,047 \\ 1\,018 \end{array}$$

Resolución de problemas

Aprendizaje esperado: resolver problemas de suma y resta con números naturales hasta de cinco cifras.

1. Resuelve los siguientes problemas.

a) Tomás compró una tele en $4238 y pagó $495 para que se la llevaran a su casa. ¿Cuánto dinero pagó en total?

R: _____

b) Se está organizando la fiesta de fin de año de la escuela y la señorita Alejandra está encargada de comprar las paletas heladas. Compró 2350 de fresa, 5312 de mango y 498 de tamarindo, ¿cuántas paletas compró en total?

R: _____

c) Carlos acaba de abrir una tienda de dulces. El primer día ganó $1856, el segundo día $5650 y el tercer día $9000. ¿Cuánto dinero ganó Carlos en estos tres días?

R: _____

d) Un barco tiene espacio para 3 200 pasajeros. Si sólo se vendieron 2 121, ¿cuántos lugares estarán vacíos?

R: _____

e) Jesús fue a la central de abastos a vender un cargamento de 5 327 kilos de uvas. Si sólo logró vender 3 500 kilos, ¿cuántos kilos le quedaron?

R: _____

f) En una fábrica de contenedores de vidrio se producen diariamente 15 000 contenedores. Si ayer hubo un accidente y se rompieron 3 512, ¿cuántos contenedores quedaron?

R: _____

Números decimales

Aprendizaje esperado: leer, escribir y ordenar números naturales hasta de cinco cifras.

Para entender qué es un **número decimal,** tomaremos un entero.

$$1$$

Lo dividimos en 10 partes iguales. Tenemos así 10 partes, cada una de las cuales es un décimo del entero. Si los cortáramos, cada una de las partes sería un décimo $\frac{1}{10}$.

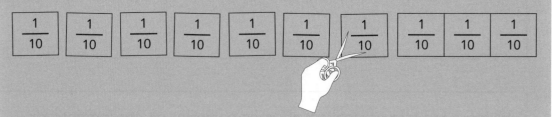

Al cortarlo en partes, ya no tenemos la unidad: esa unidad desapareció, ahora es 0, sólo nos quedan las 10 partes y cada una se llama **décimo**.

Cuando escribimos números decimales, para separar la unidad de las partes menores utilizamos un punto (.) y así sabemos que el número no es entero $0.1 = \frac{1}{10}$

Si dividimos la unidad en 100 partes, sería $\frac{1}{100}$ 0.01 y se llama **centésimo**.

Si dividimos la unidad en 1000 partes, sería $\frac{1}{1000}$ 0.001 y se llama **milésimo**.

1. Completa la tabla según corresponda. Guíate con el ejemplo.

	Fracción	En forma decimal	Se lee
a)	$\frac{5}{10}$	0.5	Cinco décimos
b)	$\frac{8}{100}$		
c)	$\frac{9}{1000}$		
d)			Siete centésimos
e)		0.1	
f)		0.002	

Cuando hay un número entero con uno decimal, se llama **número mixto**. También se puede escribir como fracción mixta:

$$1.7 = 1\frac{7}{10} = \text{un entero siete décimos.}$$

2. Una costurera hizo manteles de varios colores. Uno verde de 10.46 m, uno rojo de 9.5 m, uno morado de 14.61 y uno amarillo de 25.42 m. Completa la tabla, guíate con el ejemplo.

	Mantel	Enteros	.	Décimos	Centésimos
a)	Verde	10	.	4	6
b)	Rojo		.		
c)	Morado		.		
d)	Amarillo		.		

3. Une con una línea cada cuadro con la fracción que le corresponde.

a) $1\dfrac{3}{100}$

b) $10\dfrac{3}{100}$

c) $10\dfrac{3}{1000}$

d) $1\dfrac{3}{10}$

1) (Un entero tres décimos)

2) (Un entero tres centésimos)

3) (Diez enteros tres centésimos)

4) (Diez enteros tres milésimos)

Sumas y restas con números decimales

Aprendizaje esperado: resolver problemas de suma y resta.

> Para **sumar y restar números decimales,** se deben ordenar las cantidades comenzando por el punto decimal. Los enteros se colocan a la izquierda, y los decimales a la derecha. Después, se suma o resta cada columna, como se hace con los números enteros y se pone el punto en el mismo lugar. Observa:
>
> $$65.13 + 24.80 \qquad \begin{array}{r} 65.13 \\ + \ 24.80 \\ \hline 89.93 \end{array} \qquad 79.26 - 33.24 \qquad \begin{array}{r} 79.26 \\ - \ 33.24 \\ \hline 46.02 \end{array}$$

1. Resuelve las siguientes operaciones.

a)
$$\begin{array}{r} 0.473 \\ + \ 0.482 \\ \hline \end{array}$$

b)
$$\begin{array}{r} 0.288 \\ + \ 0.647 \\ \hline \end{array}$$

c)
$$\begin{array}{r} 0.948 \\ + \ 0.652 \\ \hline \end{array}$$

d)
$$\begin{array}{r} 3.439 \\ + \ 5.642 \\ \hline \end{array}$$

e)
$$\begin{array}{r} 6.982 \\ + \ 3.650 \\ \hline \end{array}$$

f)
$$\begin{array}{r} 8.650 \\ + \ 2.076 \\ \hline \end{array}$$

g)
$$\begin{array}{r} 47.38 \\ - \ 39.2 \\ \hline \end{array}$$

h)
$$\begin{array}{r} 974.07 \\ - \ 48.51 \\ \hline \end{array}$$

i)
$$\begin{array}{r} 950.37 \\ - \ 72.532 \\ \hline \end{array}$$

j)
$$\begin{array}{r} 9.814 \\ - \ 0.07 \\ \hline \end{array}$$

k)
$$\begin{array}{r} 39.84 \\ - \ 4.731 \\ \hline \end{array}$$

l)
$$\begin{array}{r} 648.451 \\ - \ 30.537 \\ \hline \end{array}$$

2. Acomoda verticalmente las siguientes operaciones y resuélvelas.

a) 156.2 + 45.34

b) 458 + 4.5

c) 9 234 + 345.1

d) 344 − 217.44

e) 754.33 − 456.2

f) 34 000 − 5 600.2

Sucesiones

Aprendizaje esperado: calcular mentalmente, de manera exacta y aproximada, sumas y restas.

Puedes encontrar **sucesiones numéricas** en diversas situaciones de tu vida. Sólo debes estar atento para que las notes.

1. **Completa las sucesiones y realiza lo que se indica.**

a)

b)

57	52					

c) ¿Qué criterios usaste para completar las sucesiones? _____

_____

_____

d) Marca con una ✗ los números que no estarían en la sucesión.

27	21	17	10	7	3

2. **La numeración de las casas aumenta de 3 en 3. Sigue las flechas y escribe dentro de cada una el número que le corresponde.**

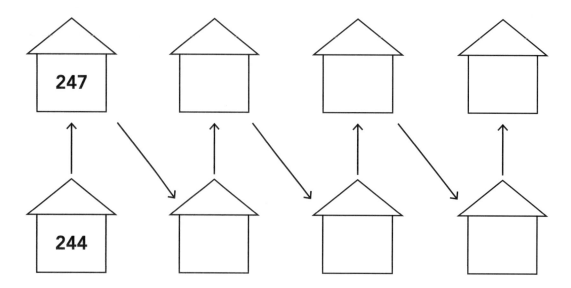

Encuentra la información

Aprendizaje esperado: leer información explícita o implícita en portadores diversos.

> Una **buena lectura de comprensión** te facilita la resolución de problemas matemáticos.

1. Observa el siguiente anuncio y contesta lo que se te pide.

REÍR JUGANDO

Show de "Estrellita" para fiestas infantiles

¡Concursos, bailes y mucha diversión!

$ 1500 x hora
Sólo fines de semana

PREGUNTE POR NUESTRA
PROMOCIÓN DE VACACIONES

a) ¿Qué ofrece el anuncio? _____

b) Si Mario quiere hacer su fiesta el martes a las 5:00, ¿puede contratar

a "Estrellita"? Explica tu respuesta. _____

_____

c) ¿Cuál es la frase publicitaria de "Estrellita"? _____

d) La mamá de Julio quiere hacer su fiesta el 23 de diciembre y contratará a "Estrellita" por 3 horas. ¿Cuál es el precio más probable que pagará? Subraya.

- $5 000
- $4 200
- $4 500
- $5 500

e) ¿Cuál de las siguientes actividades no hará "Estrellita" en un show?

- Bailar
- Contar chistes
- Contar cuentos
- Jugar

f) ¿El sábado 16 de julio podría contratar el show de "Estrellita" con descuento?

Explica. _____

_____

Fracciones

Aprendizaje esperado; usar fracciones con denominadores hasta 12 para expresar relaciones parte-todo, medidas, y resultados de repartos.

Cuando **dividimos un entero** en partes iguales, a éstas se les llama **fracciones** y una fracción se expresa por numerador y denominador. El **numerador** indica las partes que tomamos del entero, mientras que el **denominador** indica en cuántas partes se divide el entero.

Dentro de pocos días, será la fiesta de Paulina y no sabe cómo debe dividir el pastel para repartirlo, por lo que para ensayar siguió estas instrucciones.

1. De acuerdo con lo que dice cada enunciado, subraya la respuesta correcta.

a) Corta el pastel en 4 partes iguales.

- medios
- tercios
- cuartos

b) Divide el pastel en 3 partes iguales.

- medios
- tercios
- cuartos

c) Si quiero dividir el pastel en octavos, debo dividirlo en:

- 4 partes iguales
- 8 partes iguales
- 6 partes iguales

2. **Encuentra la palabra oculta, relacionando los enunciados con la representación gráfica de las fracciones.**

1) a) _____ b) _____ c) _____

a) Figura que tiene pintada la sexta parte de la superficie.

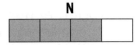
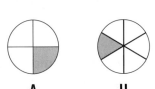

b) Figura que tiene pintados $\frac{5}{6}$ de la superficie.

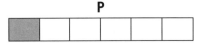

c) Figura que tiene pintados $\frac{3}{4}$ de la superficie.

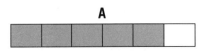

2) a) _____ b) _____ c) _____ d) _____

a) Figura que tiene pintada dos cuartas partes.

b) Figura que tiene pintada $\frac{1}{6}$.

c) Figura que tiene pintada tres cuartos.

d) Figura que tiene pintada $\frac{1}{4}$

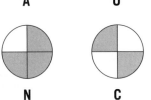

3. **Completa la tabla con la información de cada fracción. Fíjate en el ejemplo.**

a)		$\frac{1}{4}$	Un cuarto
b)			
c)			Ocho décimos
d)		$\frac{5}{7}$	
e)			
f)			Tres octavos

Resolución de problemas con suma y resta

Aprendizaje esperado: resolver problemas de suma y resta.

1. **Rodea el número que más se acerque al resultado de la operación.**

   a) 5.48 + 7.35 = | 12.00 | | 13.00 | | 14.00 |

   b) 25.34 + 14.71 = | 39.00 | | 40.00 | | 41.00 |

   c) 17.42 – 3.81 = | 14.00 | | 13.00 | | 12.00 |

   d) 15.25 – 12.02 = | 13.00 | | 2.50 | | 12.00 |

2. **Pedro fue a una juguetería a comprar algunos regalos. Observa las ilustraciones y resuelve los siguientes problemas.**

$25.14 $34.50 $29.80 $34.25 $75.40 $52.35

---

a) ¿Cuánto pagaría por el trompo y la pelota?

R: _____

---

b) ¿Cuál es la diferencia de precio entre la muñeca y la pelota?

R: _____

c) Si Pedro tiene $86.85 y quiere comprar los colores, ¿para qué otra cosa le alcanza sin que le sobre nada?

R: _____

d) María tiene $160.00 y debe comprar 3 regalos. ¿Para qué le alcanza sin que le sobren más de $10.00?

R: _____

e) El encargado de la tienda debe acomodar los juguetes de menor a mayor precio. Ayúdale a acomodarlos dibujando cada uno según el precio.

Más barato	Barato	Barato

Barato	Caro	Más caro

Viendo en perspectiva

Aprendizaje esperado: construir y analizar figuras geométricas.

1. **Sobre una mesa de cristal hay seis cuerpos geométricos. Imagina que los ves desde arriba y luego desde abajo de la mesa. Coloca el número que corresponda a cada vista de las figuras.**

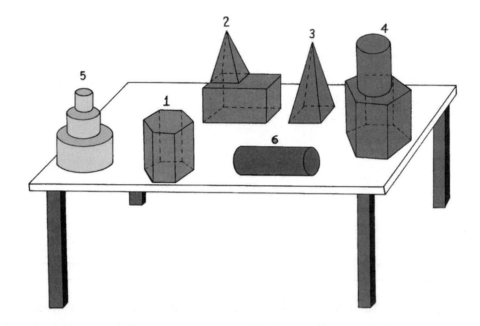

a) Vista desde arriba.

<u> 1 </u>

b) Vista desde abajo.

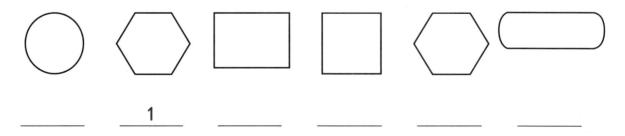

<u> 1 </u>

Clasificación de triángulos respecto a sus lados

Aprendizaje esperado: construir y analizar figuras geométricas.

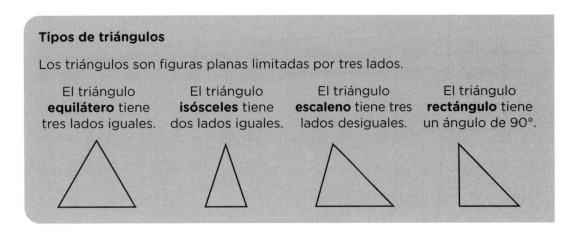

Tipos de triángulos

Los triángulos son figuras planas limitadas por tres lados.

El triángulo **equilátero** tiene tres lados iguales.

El triángulo **isósceles** tiene dos lados iguales.

El triángulo **escaleno** tiene tres lados desiguales.

El triángulo **rectángulo** tiene un ángulo de 90°.

1. **Mide los tres lados de los triángulos. Escribe el nombre que recibe cada uno de acuerdo con la medida de sus lados.**

a) Este es un triángulo _____

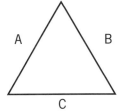

Medida del lado A _____

Medida del lado B _____

Medida del lado C _____

b) Este es un triángulo _____

Medida del lado A _____

Medida del lado B _____

Medida del lado C _____

c) Este es un triángulo _____

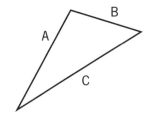

Medida del lado A _____

Medida del lado B _____

Medida del lado C _____

2. Colorea de rojo los triángulos que sean rectángulos, de verde los isósceles y de amarillo los escalenos.

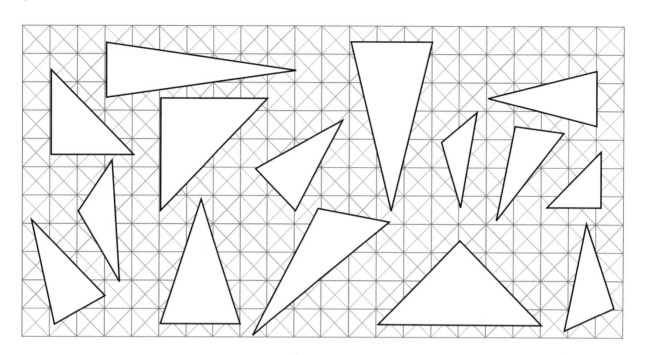

3. Traza los triángulos de la izquierda en la retícula de la derecha. Acomódalos en posiciones diferentes.

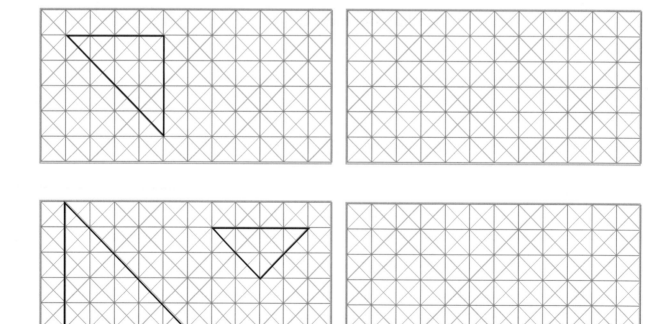

4. Dibuja en las retículas de puntos los triángulos que se piden.

a) Triángulo isósceles

b) Triángulo rectángulo

5. Traza la figura de la izquierda en la retícula derecha, pero en tamaño más grande.

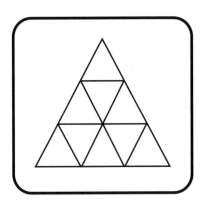

Lectura de la hora y la información que brinda el calendario

Aprendizaje esperado: comparar y ordena la duración de diferentes sucesos usando la hora, media hora, cuarto de hora y los minutos; leer relojes de manecillas y digitales.

1. **Álex, Lalo y David leen la hora de formas diferentes. ¿Cómo la lees tú? Tacha la forma en que lo haces.**

Son las 6:50 de la tarde.

Son 10 minutos para las 7 de la noche.

Son las 18:50 horas.

David

Álex

Lalo

2. **Con el mismo estilo con el que David, Álex y Lalo leyeron la hora, escribe cómo lo harían con la de tres ciudades del mundo.**

a) Toronto:

Álex: _____

Lalo: _____

David: _____

Toronto, Canadá a. m.

b) Nueva York:

Álex: _____

Lalo: _____

David: _____

Nueva York, Estados Unidos p. m.

c) Ciudad de México:

Álex: _____

Lalo: _____

David: _____

Ciudad de México p. m.

3. Dibuja en el reloj lo que indica cada reloj digital. Fíjate en el ejemplo.

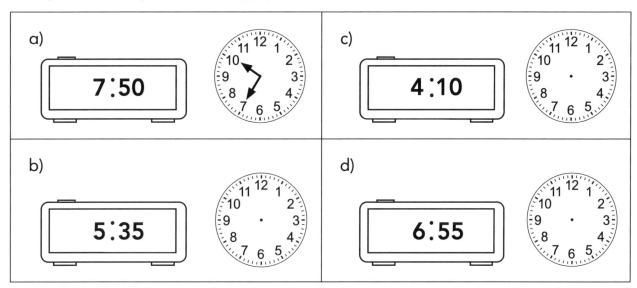

a) 7:50

c) 4:10

b) 5:35

d) 6:55

4. Susi tuvo una mañana muy atareada. Se levantó a las 7:00 a. m. y se fue a su clase de natación que inició a las 8:00 a. m. Practicó hasta las 10:00 a. m., tomó un baño y se vistió para salir a las 10:30; llegó a su casa a las 11:15 y se puso a recoger su cuarto; terminó a las 12:30 con el tiempo justo para ir al parque con sus amigas.

a) Colorea el reloj que marca la hora en la que se levantó Susi.

1)  2)  3)  4)

b) ¿Cuánto tiempo pasó desde que Susi se levantó hasta que regresó a su casa?

_____

c) ¿Cuánto tiempo duró su clase de natación? _____

d) Si volvió a su casa del parque a las 4:05, ¿cuánto tiempo pasó desde que salió hasta que regresó? _____

e) ¿Cuánto tiempo pasó desde que salió de bañarse y vestirse y llegó a su casa?

_____

f) De todas las actividades que hizo, ¿en cuál empleó menos tiempo?

_____

g) ¿Cuánto tiempo tardó en recoger su cuarto? _____

5. Responde.

a) ¿Cuántos meses tiene un año? _____

b) ¿Cuántos días puede durar un mes? _____

c) ¿Cuáles meses tienen 31 días? _____

d) ¿Qué mes puede tener 28 o 29 días como máximo? _____

6. Observa el siguiente calendario y contesta las preguntas.

ENERO						
DOM	LUN	MAR	MIÉ	JUE	VIE	SÁB
			1	2	3	4
5	6	7	8	9	10	11
12	13	14	15	16	17	18
19	20	21	22	23	24	25
26	27	28	29	30	31	

FEBRERO						
DOM	LUN	MAR	MIÉ	JUE	VIE	SÁB
						1
2	3	4	5	6	7	8
9	10	11	12	13	14	15
16	17	18	19	20	21	22
23	24	25	26	27	28	29

MARZO						
DOM	LUN	MAR	MIÉ	JUE	VIE	SÁB
1	2	3	4	5	6	7
8	9	10	11	12	13	14
15	16	17	18	19	20	21
22	23	24	25	26	27	28
29	30	31				

a) ¿Qué día de la semana fue el 31 de enero? _____

b) ¿Qué día de la semana fue el 10 de marzo? _____

c) ¿Cuántos domingos tiene febrero? _____

d) ¿Fue año bisiesto? ¿Por qué? _____

7. **Apóyate del calendario para contestar las siguientes preguntas.**

a) Ximena tomaba clases de baile todos los jueves. Ella inició el 9 de enero.

Si tomó en total 7 clases, ¿qué día tomó la última clase? _____

b) La familia Pérez se fue de vacaciones por 11 días. Si regresaron el 31

de marzo, ¿qué día salieron? _____

c) Los alumnos de cuarto año darán un recital. Los que tocarán algún

instrumento musical van a ensayar todos los miércoles de marzo,

y los que cantarán ensayarán los viernes. ¿Quiénes tendrán más

ensayos? _____. Anota los días que tienen que ir.

_____

d) El cumpleaños de Rafael es el 26 de marzo, ¿qué día será? _____

e) Si lo quiere festejar el domingo más cercano, ¿qué fecha será? _____

8. **Relaciona las columnas.**

a) Estación del año que inicia el 21 de marzo.   • 24 de febrero

b) Estación del año que termina el 20 de diciembre.   • verano

c) Fecha en que se festeja el Día de la Bandera.   • primavera

d) Estación del año que inicia el 21 de junio.   • 16 de septiembre

e) Fecha en que se festeja la Independencia de México.   • otoño

✿ primavera   ☀ verano   🍂 otoño   ❄ invierno

Cálculo mental

Aprendizaje esperado: calcular mentalmente, de manera exacta y aproximada, sumas y restas.

1. Subraya la respuesta correcta. Sólo realiza cálculos mentales.

a) El doble de 0.75 es:

- 15.0
- 0.170
- 0.150
- 1.5
- 7.5

b) El resultado de 8 + 2.2 + 0.9 = es:

- 11.1
- 10.01
- 19.2
- 0.39
- 12.9

c) El número que completa la serie 4.096 < 4.098 < es:

- 4.099
- 4.1
- 4.01
- 4.001
- 5.0

d) El resultado de 9 − 3.2 − 0.4 = es:

- 4.9
- 11.2
- 7.39
- 12.8
- 5.4

2. Resuelve el siguiente crucigrama.

a) Doble de 0.25 =

b) Triple de 0.5 =

c) Mitad de 4.6 =

d) Mitad de 7 =

e) 1 − 0.2 =

f) 5 − 2.5 =

g) 1.4 + 3.6 =

h) 1.25 + 6.75 =

i) Doble de 0.05 =

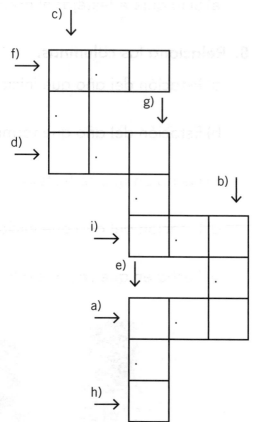

0.9 + 1.1 =?

Multiplicación

Aprendizajes esperados: resolver problemas de multiplicación con números naturales cuyo producto sea de cinco cifras; usar el algoritmo convencional para multiplicar.

1. Resuelve las multiplicaciones y de acuerdo al resultado colorea.

a) Azul marino

$$\begin{array}{r} 382 \\ \times \quad 6 \\ \hline \end{array}$$

b) Gris

$$\begin{array}{r} 648 \\ \times \quad 3 \\ \hline \end{array}$$

c) Verde claro

$$\begin{array}{r} 775 \\ \times \quad 4 \\ \hline \end{array}$$

d) Naranja

$$\begin{array}{r} 492 \\ \times \quad 7 \\ \hline \end{array}$$

e) Café

$$\begin{array}{r} 356 \\ \times \quad 3 \\ \hline \end{array}$$

f) Verde oscuro

$$\begin{array}{r} 973 \\ \times \quad 5 \\ \hline \end{array}$$

g) Rojo

$$\begin{array}{r} 4516 \\ \times \quad 2 \\ \hline \end{array}$$

h) Amarillo

$$\begin{array}{r} 1462 \\ \times \quad 3 \\ \hline \end{array}$$

i) Azul cielo

$$\begin{array}{r} 2358 \\ \times \quad 4 \\ \hline \end{array}$$

j) Rosa

$$\begin{array}{r} 4049 \\ \times \quad 2 \\ \hline \end{array}$$

División

Aprendizaje esperado: resolver problemas de división con números naturales.

1. Resuelve las siguientes divisiones. Fíjate en el ejemplo.

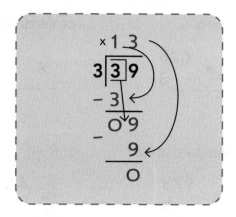

a)

$$2\overline{|18}$$

b)

$$3\overline{|21}$$

c)

$$4\overline{|28}$$

d)

$$5\overline{|30}$$

e)

$$6\overline{|48}$$

f)

$$7\overline{|49}$$

g)

$$3\overline{|27}$$

h)

$$6\overline{|42}$$

i)

$$5\overline{|35}$$

j)

$$9\overline{|45}$$

k)

$$6\overline{|48}$$

l)

$$8\overline{|32}$$

Resolución de problemas de multiplicación y división

Aprendizaje esperado: resolver problemas de multiplicación y división con números naturales.

1. Resuelve los siguientes problemas.

a) En un castillo hay 187 cuartos. Si cada cuarto necesita 6 muebles, ¿cuántos muebles se necesitan para que todos los cuartos del castillo tengan muebles?

Datos   **Operación**

R: _____

b) Hay una promoción de 7 cajas de cereal por $91, ¿cuánto cuesta cada caja?

Datos   **Operación**

R: _____

c) Un barco lleva un cargamento de 4 530 pelotas, ¿cuántas pelotas llevarán 8 barcos?

Datos   **Operación**

R: _____

Copia la imagen

Aprendizaje esperado: construir y analizar figuras geométricas.

1. Copia la imagen de la cuadrícula derecha en la cuadrícula de abajo lo más exacto posible.

Cuenta los cuadros para que te sea más fácil copiarlo.

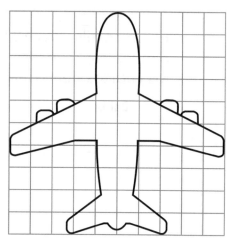

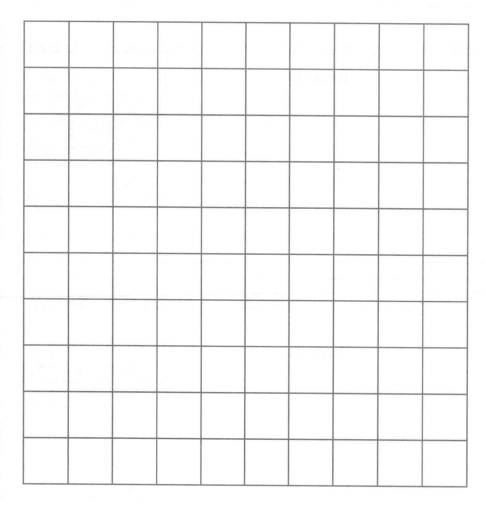

Figuras y cuerpos geométricos

Lectura de la información contenida en distintos portadores

Aprendizaje esperado: leer información explícita o implícita en portadores diversos.

1. La tienda Ring Ring presenta sus ofertas del mes. Completa los datos de la ficha técnica de cada teléfono celular. Sigue el ejemplo.

a)

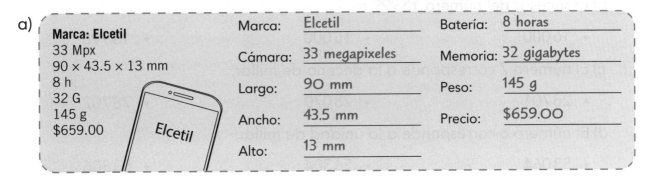

Marca: Elcetil
33 Mpx
90 × 43.5 × 13 mm
8 h
32 G
145 g
$659.00

Elcetil

Marca:	Elcetil	Batería:	8 horas
Cámara:	33 megapixeles	Memoria:	32 gigabytes
Largo:	90 mm	Peso:	145 g
Ancho:	43.5 mm	Precio:	$659.00
Alto:	13 mm		

b)

Marca: Chismetel
30 Mpx
103 × 47.5 × 20 mm
12 h
16 G
180 g
$1 200.00

Chismetel

Marca:		Batería:	
Cámara:		Memoria:	
Largo:		Peso:	
Ancho:		Precio:	
Alto:			

c)

Marca: Charlatel
30 Mpx
98.5 × 48.5 × 17 mm
15 h
33 G
111 g
$3 847.00

Charlatel

Marca:		Batería:	
Cámara:		Memoria:	
Largo:		Peso:	
Ancho:		Precio:	
Alto:			

2. Responde.

   a) ¿Cuál de las tres marcas tiene más memoria? _____

   ¿Qué capacidad tiene? _____

   b) ¿Cuál es la marca del teléfono que pesa más? _____

   c) ¿Cuál es la marca cuya batería ofrece mayor duración? _____

   porque dura _____

Repaso

1. **Subraya la repuesta correcta.**

   a) El antecesor del número 1 501 es:

   - 1 502
   - 1 500
   - 1 499

   b) El sucesor del número 15 999 es:

   - 16 000
   - 15 000
   - 15 998

   c) El número 7 corresponde a la decena de millar:

   - 28 701
   - 28 070
   - 78 702

   d) El número 6 corresponde a la unidad de millar:

   - 53 064
   - 56 304
   - 53 306

   e) Número que tiene 7 decenas de millar, 2 unidades de millar, 0 centenas, 0 decenas y 7 unidades:

   - 72 007
   - 72 070
   - 70 207

   f) Número que tiene 8 decenas de millar, 0 unidades de millar, 3 centenas, 4 decenas y 0 unidades:

   - 8 340
   - 80 304
   - 80 340

2. **Observa las figuras y completa la tabla según su descripción.**

   a)   b)   c)   d)

	Descripción	Figura	Nombre
1)	Tiene tres lados iguales.		
2)	Tiene dos lados iguales y uno desigual.		
3)	Dos de sus lados forman un ángulo de 90°.		
4)	Tiene tres lados desiguales.		

3. **Aldo, Sandra y Tere fueron a comprar juguetes a una tienda que los ofrece a buen precio. Aldo compró 1 guante, 1 bat y 1 trompo; Sandra, 1 pelota, 1 yoyo y 1 trompo; Tere, 2 trompos y 1 pelota. ¿Cuánto gastó cada uno? Elabora las sumas en las tablas, como se ejemplifica con Aldo.**

Aldo

	D	U	.	d	c
	3	0	.	3	0
+	2	5	.	1	0
		8	.	7	0
=	6	4	.	1	0

Sandra

	D	U	.	d	c
+					
=					

Tere

	D	U	.	d	c
+					
=					

- ¿Cuánto gastaron Sandra y Tere? _____

4. **Si Aldo tenía $75.70, Sandra $57.80 y Tere $45.10, ¿cuánto le queda a cada uno después de haber comprado los juguetes?**

Aldo

	D	U	.	d	c
+					
=					

Sandra

	D	U	.	d	c
+					
=					

Tere

	D	U	.	d	c
+					
=					

5. Une con líneas la representación verbal con sus representaciones numérica y gráfica, como en el ejemplo.

a) Tres octavos

b) Siete doceavos

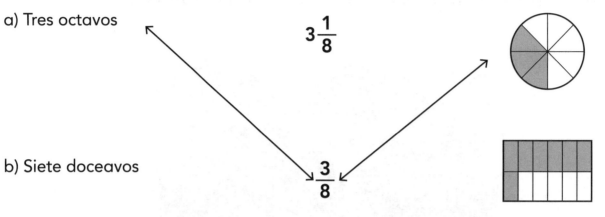

$3\dfrac{1}{8}$

$\dfrac{3}{8}$

c) Un cuarto

$\dfrac{1}{4}$

d) Un entero y cuatro quintos

$2\dfrac{3}{4}$

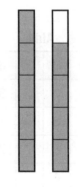

e) Tres enteros y un octavo

$\dfrac{7}{12}$

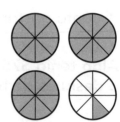

f) Dos enteros y tres cuartos

$1\dfrac{4}{5}$

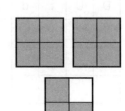

Escribir cantidades de cinco cifras

Aprendizaje esperado: leer, escribir y ordenar números naturales hasta de cinco cifras.

1. Observa las imágenes y contesta las preguntas.

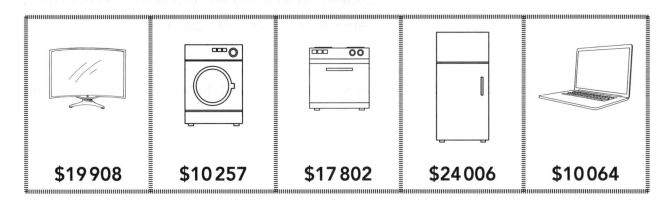

| $19 908 | $10 257 | $17 802 | $24 006 | $10 064 |

a) Anota cómo se lee el valor de la pantalla.

_____

_____

b) ¿Cuál es el artículo más barato? _____

c) ¿Cuántas unidades de millar más tiene la pantalla que la lavadora? _____

d) Anota cómo se lee el valor del refrigerador. _____

_____

_____

e) ¿Qué artículo cuesta diez mil doscientos cincuenta y siete pesos?

_____

f) Escribe de menor a mayor el costo de los productos:

_____   _____   _____   _____   _____

g) ¿Qué número se aproxima más al total si se compraran todos los productos?

- 70 000

- 80 000

- 90 000

h) Gerardo quiere comprar dos productos, ¿cuáles puede comprar con $25 000?

_____

Notación desarrollada

Aprendizaje esperado: leer, escribir y ordenar números naturales hasta de cinco cifras.

> La **notación desarrollada** consiste en descomponer un número en las diferentes cantidades que lo forman.
>
> Ejemplo: $4\,532 = 4\,000 + 500 + 30 + 2$

1. Escribe en notación desarrollada las siguientes cantidades. Fíjate en el ejemplo.

a) 5 328 = <u>5 000</u> + <u>300</u> + <u>20</u> + <u>8</u>

b) 34 = _____ + _____

c) 897 = _____ + _____ + _____

d) 7 912 = _____ + _____ + _____ + _____

e) 2 000 = _____ + _____ + _____ + _____

f) 6 402 = _____ + _____ + _____ + _____

g) 23 202 = _____ + _____ + _____ + _____ + _____

h) 87 034 = _____ + _____ + _____ + _____ + _____

i) 47 807 = _____ + _____ + _____ + _____ + _____

j) 20 108 = _____ + _____ + _____ + _____ + _____

2. Subraya los números que componen la cantidad. Fíjate en el ejemplo.

a) **15 912**   500   <u>10 000</u>   7 000   <u>5 000</u>   <u>900</u>   <u>2</u>   <u>10</u>

b) **2 545**   2 000   4 000   500   40   300   5   50

c) **33 511**   5 000   30 000   3 000   3   500   10   1

d) **23 166**   3 000   100   6   1 000   5 000   20 000   60

e) **834**   300   200   800   30   40   4   8

f) **12**   40   4 000   50 000   10   30   2   3 000

g) **56 033**   5 000   500   50 000   30   6 000   3   600

Ángulos

Aprendizaje esperado: construir y analizar figuras geométricas, en particular cuadriláteros, a partir de comparar sus lados, simetría, ángulos, paralelismo y perpendicularidad.

Un **ángulo** es la porción de un plano comprendida entre dos semirrectas que coinciden en un punto.

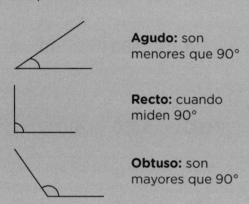

Agudo: son menores que 90°

Recto: cuando miden 90°

Obtuso: son mayores que 90°

Los ángulos pueden ser agudos, rectos u obtusos de acuerdo con la abertura que hay entre los lados.

El **transportador** se utiliza para medir la abertura de los ángulos. Para utilizarlo adecuadamente sigue estos pasos:

1. Coloca el centro del transportador en la unión de las líneas (vértice).
2. Ubica en el cero uno de los lados del ángulo.
3. Lee el número que está del otro lado del ángulo.

1. Nombra los siguientes ángulos. Fíjate en el ejemplo.

a)

<u>   Agudo   </u>

b)

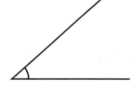

_____

c)

_____

d)

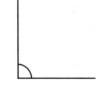

_____

e)

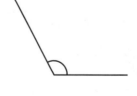

_____

f)

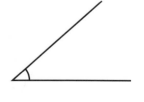

_____

2. Utiliza un transportador para medir los ángulos que forman los hocicos de los tiranosaurios.

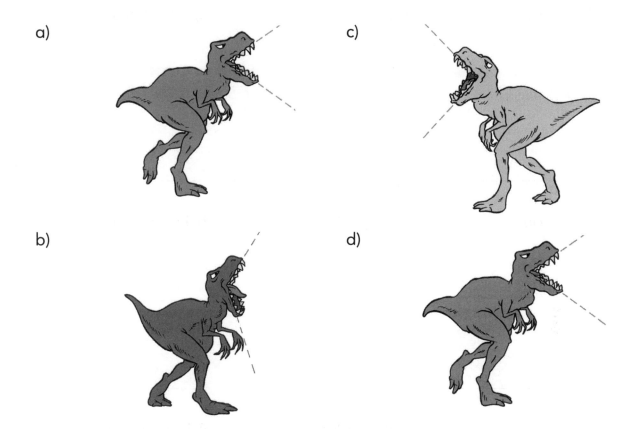

a)

c)

b)

d)

3. Registra en la tabla las medidas de los ángulos que forman sus hocicos.

a)	b)	c)	d)

4. Responde.

a) ¿Cuál de los tiranosaurios tiene el hocico abierto en el ángulo más grande?

_____

b) ¿Cuáles de los tiranosaurios tienen su hocico abierto en el mismo ángulo?

_____

c) ¿Cuál de los tiranosaurios tiene el hocico abierto en ángulo recto?

_____

5. Traza los ángulos que se te piden.

a) 38 grados

b) 80 grados

c) 20 grados

_____

_____

_____

d) 120 grados

e) 62 grados

f) 165 grados

_____

_____

_____

g) 45 grados

h) 90 grados

i) 153 grados

_____

_____

_____

j) 100 grados

k) 55 grados

l) 134 grados

_____

_____

_____

Medidas exactas y medidas aproximadas

Aprendizaje esperado: estimar, comparar y ordenar superficies de manera directa y con unidades no convencionales.

> Un **área** se mide utilizando unidades triangulares o cuadradas; en algunas áreas la medida es aproximada pues depende de las líneas que la conforman.

1. Fíjate en los trazos de Braulio.

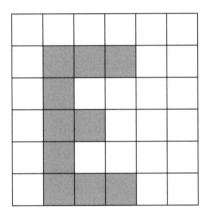 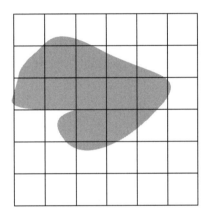

a) ¿Cuál de los trazos puedes medir con exactitud?

_____

b) ¿Cuánto mide? _____

c) ¿Cuánto mide aproximadamente el otro trazo?

_____

d) ¿Por qué crees que es difícil medirlo con exactitud?

_____

e) En la cuadrícula izquierda traza una figura que tenga 16 unidades cuadradas, y en la cuadrícula derecha otra que sea de aproximadamente 15 unidades.

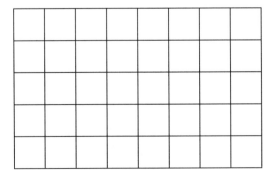 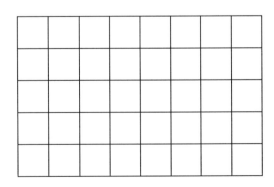

Mayor (>), menor (<) o igual (=)

Aprendizaje esperado: leer, escribir y ordenar números naturales hasta de cinco cifras.

1. **Acomoda las cantidades en la tabla donde correspondan, tomando como base el número 50 000. Guíate con el ejemplo.**

uno   99 000   cincuenta mil   dos mil

siete mil veinticinco   86 050   cincuenta mil dos

sesenta y un mil   seis mil tres

menor	igual 50 000	mayor
uno		

2. **Coloca el signo de mayor que (>), menor que (<) o igual (=), según corresponda.**

a) 12 544 _____ 12 404

b) 45 495 _____ 45 211

c) 13 432 _____ 13 433

d) 34 001 _____ 34 001

e) 2 056 _____ dos mil quinientos seis

f) 77 002 _____ noventa y nueve mil

g) 278 _____ doscientos setenta y ocho

h) 34 443 _____ treinta y cuatro mil cuatrocientos cuarenta

Escritura de números

Aprendizaje esperado: leer, escribir y ordenar números naturales hasta de cinco cifras.

1. **Escribe con letra los números que se piden en el crucigrama.**

   ### Horizontales:

   1) Resultado de la suma de 4 100 + 100

   4) Número mayor que 118 y menor que 120

   5) Número posterior al 6 021

   6) Número mayor que 302 y menor que 304

   7) Número anterior al 1 103

   ### Verticales:

   2) Número mayor que 808 y menor que 810

   3) Resultado de la resta de 10 870 − 8 830

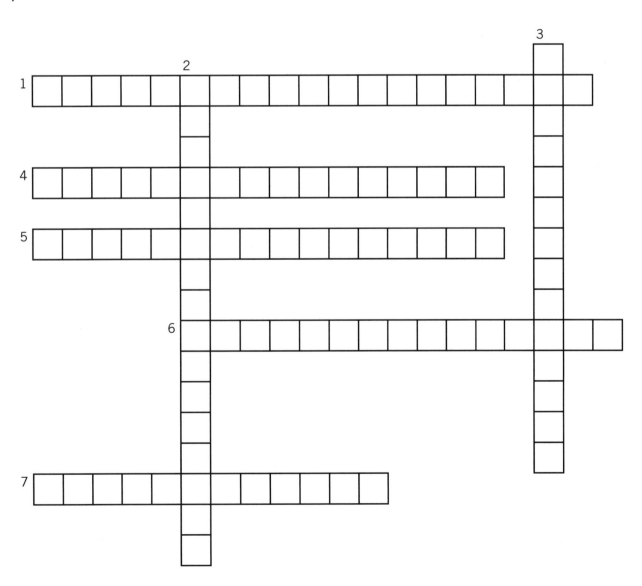

Fracciones propias, impropias y mixtas

Aprendizaje esperado: usar fracciones con denominadores hasta 12 para expresar relaciones parte-todo.

> Se denomina **fracción propia** a aquella fracción que es menor a la unidad. Es decir, cuando el numerador es menor al denominador.
>
> Ejemplo: $\frac{1}{3}$, $\frac{3}{4}$, $\frac{2}{8}$
>
> Se denomina **fracción impropia** a aquella fracción que es mayor a la unidad. Es decir, cuando el numerador es mayor al denominador.
>
> Ejemplo: $\frac{6}{4}$, $\frac{7}{5}$, $\frac{9}{2}$
>
> Se denomina **fracción mixta** a aquella fracción que está compuesta por un número entero y una fracción propia.
>
> Ejemplo: $6\frac{1}{7}$, $5\frac{2}{3}$, $4\frac{1}{2}$

1. **Encierra en un círculo con color rojo las fracciones propias, con azul las impropias y con verde las mixtas.**

a) $7\frac{1}{7}$

b) $\frac{4}{5}$

c) $\frac{7}{3}$

d) $\frac{6}{9}$

e) $\frac{8}{7}$

f) $3\frac{3}{3}$

g) $\frac{3}{2}$

h) $\frac{15}{5}$

i) $\frac{2}{9}$

j) $\frac{8}{2}$

k) $\frac{7}{4}$

l) $4\frac{1}{2}$

m) $6\frac{1}{4}$

n) $\frac{3}{18}$

o) $\frac{5}{3}$

p) $\frac{9}{4}$

q) $\frac{5}{4}$

r) $\frac{2}{13}$

s) $\frac{6}{3}$

t) $\frac{4}{18}$

2. **Divide las siguientes figuras como se te indique y colorea las fracciones. Fíjate en el ejemplo.**

a) Divide en 4 partes iguales y colorea $\frac{1}{4}$.

b) Divide en 8 partes iguales y colorea $\frac{6}{8}$.

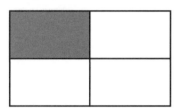

c) Divide en 4 partes iguales y colorea $\frac{2}{4}$.

d) Divide en 5 partes iguales y colorea $\frac{2}{5}$.

e) Divide en 3 partes iguales y colorea $\frac{1}{3}$.

f) Divide en 6 partes iguales y colorea $\frac{5}{6}$.

Fracciones equivalentes

Aprendizaje esperado: usar fracciones con denominadores hasta 12 para expresar relaciones parte-todo.

Las **fracciones equivalentes** son las que representan la misma cantidad.

Para encontrar una fracción equivalente a otra hay que multiplicar el denominador y el numerador por el mismo número.

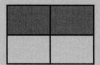 $$\frac{2}{4} \begin{smallmatrix} \times 2 \\ \times 2 \end{smallmatrix} = \frac{4}{8}$$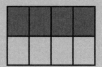

1. Colorea las equivalencias.

a)

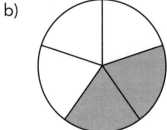  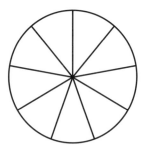

b)

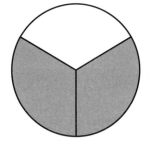 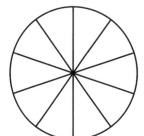 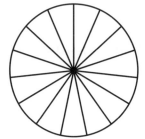

c)

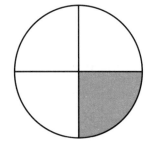 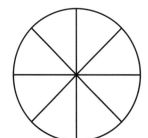 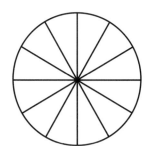

2. Para el desfile se cortaron tiras de papel de varios tamaños. Escribe junto a cada tira qué fracción representa.

a) _____

b) _____

c) _____

d) ¿Qué fracción de la tira b) necesito para tener el mismo tamaño de $\frac{1}{2}$?

_____ y ¿qué fracción de tiras de la figura c) se necesitan para formar

un $\frac{1}{2}$? _____

e) ¿Cómo se les llama a estas fracciones? _____

3. Observa la siguiente tira de papel. ¿Qué fracción representa? _____

Traza una línea de color verde para formar una fracción equivalente.

¿Qué fracción se formó? _____

Matemáticamente, multiplicamos la primera fracción por dos: $(\frac{1}{3}) \times \frac{2}{2} = \frac{2}{6}$.

4. Escribe 3 fracciones equivalentes a las siguientes.

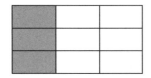 

a) $\dfrac{3}{9}$ = ☐ = ☐ = ☐   b) $\dfrac{4}{5}$ = ☐ = ☐ = ☐

5. ¿Qué fracción representa la tira sombreada? _____

a) Si elimino las 4 líneas horizontales, esta fracción es igual a: _____

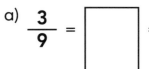

Matemáticamente divido numerador y denominador entre 4

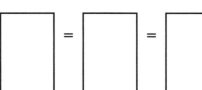

Para encontrar **fracciones equivalentes** también podemos dividir el numerador y el denominador entre el mismo número.

6. Obtén 3 fracciones equivalentes a éstas mediante la división.

a) $\dfrac{40}{60}$ = ☐ = ☐ = ☐   b) $\dfrac{72}{60}$ = ☐ = ☐ = ☐

7. Escribe el inciso que corresponde a la fracción que le es equivalente.

a)    b)    c)

$\dfrac{3}{4}$ _____ $\dfrac{1}{2}$ _____ $\dfrac{6}{10}$ _____

Sumas y restas de fracciones

1. **Suma o resta las fracciones y colorea el resultado. Escribe su representación numérica, como en el ejemplo.**

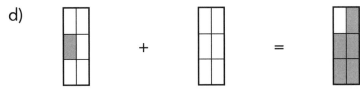

a)

$$\frac{3}{8} \quad + \quad \frac{1}{8} \quad = \quad \frac{4}{8}$$

b)

$$\frac{2}{4} \quad + \quad \frac{1}{4} \quad =$$

c)

$$\frac{3}{4} \quad - \quad \frac{2}{4} \quad =$$

d)

$$\frac{1}{6} \quad + \quad \quad = \quad \frac{5}{6}$$

e)

$$1 \quad - \quad \frac{1}{2} \quad =$$

2. **Los resultados a) y e) tienen algo en común. ¿Qué es? Subraya la respuesta correcta.**

a) Son fracciones impropias.

b) Son fracciones equivalentes.

c) Son fracciones decimales

Resolución de problemas

Aprendizaje esperado: resolver problemas de suma, resta y multiplicación.

1. Resuelve los siguientes problemas.

a) A una función de circo asistieron 25 niños con su maestra. Cada niño compró un dulce de $5 y un refresco de $12. ¿Cuánto tuvo que pagar la maestra en la dulcería por el consumo de todos los niños?

R: _____

b) En la tienda del circo hay 6 cajas con 24 refrescos de naranja cada una, y 5 cajas con 32 refrescos de toronja cada caja. ¿Cuántos refrescos pueden vender?

R: _____

c) La bolsa de cacahuates cuesta $10. Si el señor Garrido compró 9 bolsas y pagó con un billete de $100, ¿cuánto le dieron de cambio?

R: _____

d) En cada paquete de bolsas para emparedados hay 25 piezas. En la cafetería harán 85 emparedados en la mañana y 95 en la tarde. ¿Serán suficientes 7 paquetes de bolsas? ¿Cuántas bolsas sobran o faltan?

R: _____

2. **A los siguientes problemas les faltan o sobran datos para poder resolverlos. Escribe lo que falta o sobra.**

a) Lucy leyó 5 capítulos de un libro. ¿Cuántas páginas leyó en total?

_____

_____

b) Lorena mandó 25 fotos de su viaje a cada uno de sus primos. ¿Cuántas fotos mandó en total? _____

_____

c) Cada uno de los 18 estudiantes de un salón mandó 4 preguntas por correo a un candidato. 5 días más tarde recibieron las respuestas. ¿Cuántas preguntas mandaron por correo? _____

_____

3. **¿Qué operación utilizarías para resolver los 3 problemas anteriores? Explica tu respuesta.** _____

_____

4. **Elabora un problema de multiplicación con los siguientes datos: 250 pelotas, 4 cajas.** _____

_____

_____

Exploración de figuras planas

Aprendizaje esperado: construir y analizar figuras geométricas.

1. **Dos figuras geométricas se comieron un pastel y, en busca de las culpables, se capturó a nueve sospechosas. Observa su fotografía.**

2. **Se dispone de algunas pistas para encontrar a una culpable. Síguelas y, de acuerdo con la ilustración, escribe los nombres de las sospechosas.**

   a) Primera pista: tiene cuatro lados.

   _____

   b) Segunda pista: tiene cuatro ángulos rectos.

   _____

   c) Tercera pista: no tiene todos sus lados iguales. Así que, ¿quién es la primera culpable?

   _____

3. **Otras pistas apuntan a una segunda culpable. Escribe los nombres de las sospechosas.**

   a) Primera pista: no tiene ángulos que midan 90°.

   _____

   _____

   b) Segunda pista: tiene tres lados.

   _____

   c) Tercera pista: todos sus lados son iguales. Entonces, ¿quién es la segunda culpable?

   _____

Simetría

Aprendizaje esperado: construir y analizar figuras geométricas.

1. Encierra en un círculo las figuras que sean simétricas:

a)

b)

c)

d)

e)

f)

g)

h)

i)

2. Dibuja la mitad que le falta a las siguientes figuras. Fíjate que todas son simétricas. Ayúdate de la cuadrícula.

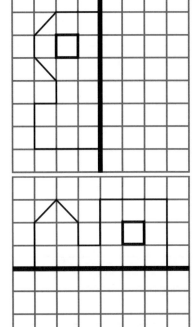

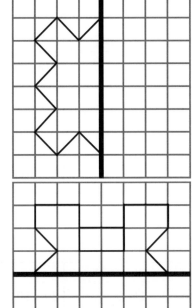

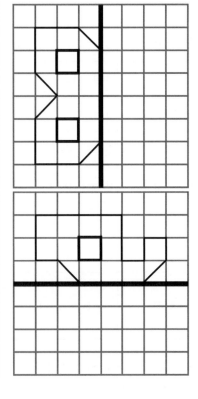

Descomponiendo números

Aprendizaje esperado: leer, escribir y ordenar números naturales hasta de cinco cifras.

1. Carolina y José Luis expresan diferentes números decimales y naturales usando el valor posicional de cada cifra. En la siguiente tabla, escribieron expresiones de varios números. Colorea la expresión correcta.

	Tarjeta	Carolina	José Luis
a)	204.317	$2 \times 100 + 4 \times 10 + 3 \div 10 + 17 \div 1\,000$	$2 \times 100 + 4 \times 1 + 0.3 + 1 \div 100 + 7 \div 1\,000$
b)	115.06	$1 \times 100 + 1 \times 10 + 5 + 0.06$	$11 \times 100 + 5 \times 10 + 6 \div 100$
c)	2.23980	$2 + 0.23 + 9 \div 1\,000 + 8 \div 10\,00$	$2 \times 1 + 2398 \div 100\,000$
d)	344 091	$344 \times 1\,000 + 91 \times 10$	$344 \times 1\,000 + 9 \times 10 + 1$
e)	900.776874	$9 \times 100 + 0.7 + 74 \div 1\,000\,000$	$9 \times 100 + 7 \div 10 + 7 \div 100 + 6874 \div 1\,000\,000$
f)	10 000.7106	$1 \times 10\,000 + 7 \div 10 + 1 \div 100 + 6 \div 10\,000$	$1 + 7106 \div 10\,000$
g)	99 090	$99 \times 1\,000 + 9 \times 10$	$9 \times 1\,000 + 9 \times 100 + 9 \times 10$
h)	416.878	$4 \times 100 + 1 \times 10 + 6 + 0.878$	$416 + 878$
i)	0.0003	$3 + 1 \div 10\,000$	$3 \div 10\,000$
j)	39.501	$3 \times 10 + 9 \times 1 + 5 \div 10 + 1 \div 1\,000$	$39 + 501 \div 1\,000\,000$

- ¿Quién tuvo más aciertos? _____

Sucesiones

Aprendizaje esperado: calcular mentalmente, de manera exacta y aproximada, sumas y restas.

1. Completa las sucesiones.

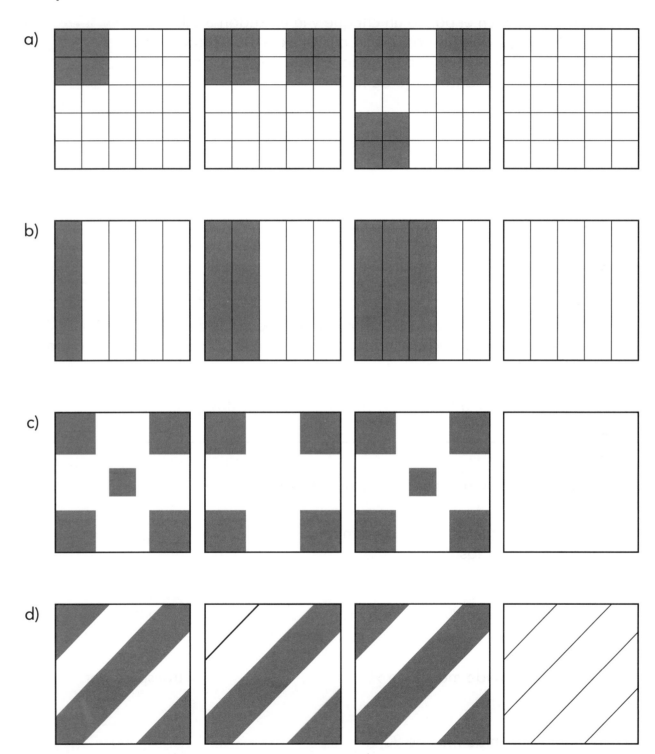

a)

b)

c)

d)

Repaso

1. Resuelve los siguientes problemas.

a) Juan cobra en el banco un cheque y le entregan 3 billetes de $1 000, 2 billetes de $200, 1 billete de $100 y 5 monedas de $10. Con este dinero paga la luz y le quedan 2 billetes de $1 000. ¿Cuánto pagó de luz?

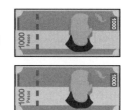

R: _____

b) Un cajero hace el corte de caja y tiene 3 decenas de millar, 5 millares, 9 decenas y 8 unidades. ¿Cuánto dinero tiene en la caja? Represéntalo en el siguiente esquema.

3 × _____ + 5 × _____ + 9 × _____ + 8 × _____ = _____

2. Relaciona las columnas según corresponda.

a) Instrumento que se utiliza para medir la amplitud de los ángulos.

(recto)

b) Ángulo que mide 90°.

(obtuso)

c) Ángulo que mide menos de 90°.

(transportador)

d) Ángulo que mide más de 90°.

(agudo)

3. Escribe el signo de mayor que (>), menor que (<) o igual (=), según corresponda. Fíjate en el ejemplo.

a)
$$\frac{7}{8} \quad > \quad \frac{5}{8}$$

f)
$$\frac{8}{10} \quad \bigcirc \quad \frac{4}{10}$$

b)
$$\frac{2}{4} \quad \bigcirc \quad \frac{3}{4}$$

g)
$$\frac{2}{13} \quad \bigcirc \quad \frac{11}{13}$$

c)
$$\frac{3}{5} \quad \bigcirc \quad \frac{3}{6}$$

h)
$$\frac{1}{3} \quad \bigcirc \quad \frac{1}{4}$$

d)
$$\frac{3}{7} \quad \bigcirc \quad \frac{3}{5}$$

i)
$$\frac{3}{6} \quad \bigcirc \quad \frac{1}{2}$$

e)
$$\frac{5}{5} \quad \bigcirc \quad 1$$

j)
$$\frac{9}{15} \quad \bigcirc \quad \frac{2}{16}$$

4. Coloca una *V* si la afirmación es verdadera, o una *F* si es falsa.

a) La fracción denominada por $\frac{3}{2}$ es menor a una unidad. _____

b) La fracción denominada por $\frac{1}{2}$ es igual a $\frac{3}{6}$. _____

c) La fracción denominada por $\frac{3}{4}$ es mayor a $\frac{3}{7}$. _____

d) La fracción denominada por $\frac{3}{5}$ es igual a una unidad. _____

e) $\frac{7}{10}$ representa lo mismo que siete entre diez. _____

Lee y registra datos en tablas

Aprendizaje esperado: recolectar registrar y leer datos en tablas.

1. Utiliza la información de la gráfica y escribe una *V* si la información es verdadera y una *F* si es falsa. Fíjate en el ejemplo.

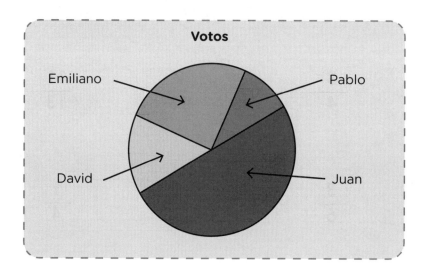

a) Juan es el que más votos consiguió.   _____V_____

b) Pablo consiguió más votos que Emiliano.   _____

c) Emiliano consiguió menos de la mitad de los votos.   _____

d) David es el que menos votos consiguió.   _____

e) Juan tiene más del doble de votos que David.   _____

f) Emiliano consiguió más votos que Juan.   _____

g) Juan tiene más del doble de votos que Pablo.   _____

h) Juan tiene más votos que Pablo y David juntos.   _____

i) David consiguió más votos que Pablo.   _____

Las **gráficas de barras** permiten ilustrar visualmente ciertos datos, especialmente cuando se comparan cantidades.

2. **Se llevó a cabo una encuesta a 30 niños de cuarto de primaria sobre sus alimentos preferidos para comer en el recreo.**

   a) Se encuestó a 30 niños y estos son sus alimentos preferidos:

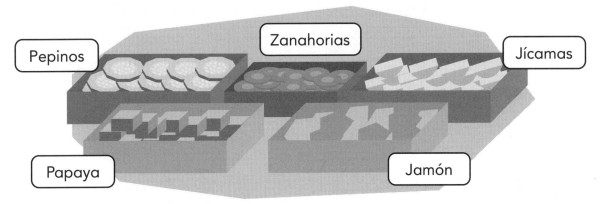

   jícama, pepino, jamón, jícama, zanahoria, jícama, pepino, papaya, jícama, jamón, jícama, zanahoria, jícama, pepino, jamón, jícama, zanahoria, jícama, pepino, jícama, jamón, jícama, pepino, jamón, pepino, jamón, papaya, zanahoria, zanahoria, jamón.

3. **Registra esta información en la siguiente tabla de frecuencia, y a la derecha elabora una gráfica de barras con los resultados.**

   a)

ALIMENTO	FRECUENCIA
	10
Pepino	
	2

   b)

   ```
   12
   10
    8
    6
    4
    2
    0
           Jícamas
   ```

   c)   ¿Qué alimento es el que más niños prefieren comer? _____

   d)   ¿Cuál es el alimento que no llevarías a un convivio con estos niños?

_____

Sumas de fracciones con diferente denominador

Aprendizaje esperado: resolver problemas de suma y resta de fracciones.

1. **Resuelve las siguientes sumas de fracciones. Convierte los resultados en fracciones mixtas cuando así aplique. Sólo tienes que dividir el numerador entre el denominador.**

Observa el procedimiento:

$$\frac{1}{2} + \frac{3}{4} = \frac{1 \times 3}{2 \times 4} = \frac{4+6}{8} = \frac{10}{8} \qquad \frac{1}{2} + \frac{3}{4} = \frac{10}{8} \qquad 5\overline{)10} = 1\frac{2}{8}$$

a)
$$\frac{1}{4} + \frac{1}{2} = \text{———}$$

f)
$$\frac{2}{2} + \frac{2}{6} = \text{———}$$

b)
$$\frac{2}{4} + \frac{3}{8} = \text{———}$$

g)
$$\frac{1}{2} + \frac{1}{4} = \text{———}$$

c)
$$\frac{1}{2} + \frac{3}{6} = \text{———}$$

h)
$$\frac{3}{5} + \frac{4}{10} = \text{———}$$

d)
$$\frac{4}{5} + \frac{1}{10} = \text{———}$$

i)
$$\frac{3}{9} + \frac{1}{2} = \text{———}$$

e)
$$\frac{2}{3} + \frac{1}{6} = \text{———}$$

j)
$$\frac{3}{6} + \frac{1}{8} = \text{———}$$

Restas de fracciones con diferente denominador

Aprendizaje esperado: resolver problemas de suma y resta de fracciones.

1. **Elabora las siguientes restas de fracciones, utiliza el mismo procedimiento que en la suma.**

a)
$$\frac{9}{5} - \frac{3}{2} = \underline{\quad}$$

f)
$$\frac{5}{6} - \frac{3}{8} = \underline{\quad}$$

b)
$$\frac{7}{4} - \frac{1}{8} = \underline{\quad}$$

g)
$$\frac{5}{5} - \frac{2}{7} = \underline{\quad}$$

c)
$$\frac{6}{5} - \frac{3}{4} = \underline{\quad}$$

h)
$$\frac{7}{4} - \frac{5}{8} = \underline{\quad}$$

d)
$$\frac{7}{9} - \frac{1}{2} = \underline{\quad}$$

i)
$$\frac{3}{4} - \frac{3}{8} = \underline{\quad}$$

e)
$$\frac{4}{4} - \frac{3}{8} = \underline{\quad}$$

j)
$$\frac{8}{5} - \frac{3}{6} = \underline{\quad}$$

Resolución de problemas con fracciones

Aprendizaje esperado: resolver problemas de suma y resta de fracciones.

1. Resuelve los siguientes problemas.

a) Pepe se gastó $\frac{3}{6}$ de sus ahorros en un balón y $\frac{1}{3}$ en unos tenis. ¿Qué fracción de sus ahorros gastó en total?

Datos   **Operación**

R: _____

b) Carlos es arquitecto y está construyendo una casa. Si ha construido $\frac{3}{7}$ de la casa, ¿cuánto le falta para acabarla? Considera que acabarla es lo mismo que llegar a $\frac{7}{7}$.

Datos   **Operación**

R: _____

c) En una fiesta, Pablo se comió $\frac{3}{5}$ del pastel y Víctor se comió $\frac{3}{3}$. ¿Qué fracción de pastel se comieron entre los dos?

Datos   **Operación**

R: _____

d) La señora González le dio a su hijo dinero para la tienda. Si gastó $\frac{3}{6}$ del dinero en dulces y $\frac{1}{8}$ en frituras, ¿qué fracción del dinero se gastó en total?

Datos   **Operación**

R: _____

e) Sergio compró una pizza y la dividió en 10 pedazos para compartirla con sus hermanos. Se comió $\frac{2}{3}$ de pizza. ¿Cuánto les dejó?

Datos   **Operación**

R: _____

f) Una panadería vende donas. Si $\frac{1}{6}$ de la gente compra donas de chocolate y $\frac{4}{8}$ compra donas de azúcar. ¿Qué fracción de la gente compra donas de otro sabor?

Datos   **Operación**

R: _____

Algoritmo de la multiplicación

Aprendizaje esperado usar el algoritmo convencional para multiplicar.

Partes de la multiplicación:

$$
\begin{array}{r}
\times\ \ 4\ 7 \\
2\ 3 \\
\hline
1\ 4\ 1 \\
9\ 4\ \ \\
\hline
1\ 0\ 8\ 1
\end{array}
$$

4 7 ⟵ **Multiplicando**
2 3 ⟵ **Multiplicador o factores**
1 4 1 ⟵ **Productos parciales**
9 4
1 0 8 1 ⟵ **Producto total**

Algoritmo de la multiplicación:

1. Multiplicar las unidades del multiplicador por el multiplicando.

$$
\begin{array}{r}
\times\ \ 4\ 7 \\
2\ 3 \\
\hline
1\ 4\ 1
\end{array}
$$

2. Multiplicar las decenas del multiplicador y el resultado se pone debajo del resultado anterior dejando un espacio en el lugar de las unidades.

$$
\begin{array}{r}
\times\ \ 4\ 7 \\
2\ 3 \\
\hline
1\ 4\ 1 \\
9\ 4\ \
\end{array}
$$

3. Se suman los productos parciales y se obtiene el producto final.

$$
\begin{array}{r}
\times\ \ 4\ 7 \\
2\ 3 \\
\hline
1\ 4\ 1 \\
9\ 4\ \ \\
\hline
1\ 0\ 8\ 1
\end{array}
$$

1. Resuelve las siguientes multiplicaciones.

a)

$$\times\ \begin{array}{r} 1\ 2 \\ 3\ 0 \\ \hline \end{array}$$

b)

$$\times\ \begin{array}{r} 2\ 5 \\ 4\ 0 \\ \hline \end{array}$$

c)

$$\times\ \begin{array}{r} 4\ 1 \\ 2\ 0 \\ \hline \end{array}$$

d)

$$\times\ \begin{array}{r} 3\ 2 \\ 3\ 0 \\ \hline \end{array}$$

e)

$$\times\ \begin{array}{r} 4\ 2 \\ 2\ 0 \\ \hline \end{array}$$

f)

$$\times\ \begin{array}{r} 3\ 1 \\ 2\ 0 \\ \hline \end{array}$$

g)

$$\times\ \begin{array}{r} 2\ 1 \\ 3\ 0 \\ \hline \end{array}$$

h)

$$\times\ \begin{array}{r} 4\ 4 \\ 4\ 0 \\ \hline \end{array}$$

i)

$$\times\ \begin{array}{r} 6\ 4 \\ 3\ 0 \\ \hline \end{array}$$

j)

$$\times\ \begin{array}{r} 8\ 9 \\ 5\ 0 \\ \hline \end{array}$$

2. Resuelve las siguientes multiplicaciones.

a)
$$\begin{array}{r} 2\,3 \\ \times\ 7\,4 \\ \hline \end{array}$$

b)
$$\begin{array}{r} 7\,9 \\ \times\ 8\,8 \\ \hline \end{array}$$

c)
$$\begin{array}{r} 7\,2 \\ \times\ 4\,6 \\ \hline \end{array}$$

d)
$$\begin{array}{r} 4\,1 \\ \times\ 9\,0 \\ \hline \end{array}$$

e)
$$\begin{array}{r} 9\,2 \\ \times\ 8\,1 \\ \hline \end{array}$$

f)
$$\begin{array}{r} 5\,6 \\ \times\ 9\,7 \\ \hline \end{array}$$

g)
$$\begin{array}{r} 7\,0 \\ \times\ 5\,6 \\ \hline \end{array}$$

h)
$$\begin{array}{r} 2\,4 \\ \times\ 6\,3 \\ \hline \end{array}$$

i)
$$\begin{array}{r} 6\,9 \\ \times\ 9\,9 \\ \hline \end{array}$$

Resolución de problemas

Aprendizaje esperado: resolver problemas de multiplicación con números naturales cuyo producto sea de cinco cifras.

1. Resuelve los siguientes problemas.

a) En una escuela compraron 46 mesas para computadora, si cada una costó $97, ¿cuánto tuvieron que pagar por todas?

Datos   **Operación**

R: _____ pesos.

b) Cristina ahorró $35 diarios durante 28 días, ¿cuánto dinero juntó?

Datos   **Operación**

R: _____ pesos.

c) Lili compró 36 osos de peluche. Cada uno costó $74, ¿cuánto dinero pagó?

Datos   **Operación**

R: _____ pesos.

2. Resuelve los siguientes problemas.

a) En una tienda tienen 54 pelotas en cada barril. Si tienen 70 barriles, ¿cuántas pelotas tienen?

Datos   Operación

R: _____ pelotas.

b) Una empresa contrató a 25 personas para limpiar sus instalaciones, le pagaron $97 a cada uno. ¿Cuánto pagó en total?

Datos   Operación

R: _____ pesos.

c) Para adornar el patio es necesario poner 61 globos en 30 cordones. ¿Cuántos globos se necesitan?

Datos   Operación

R: _____ globos.

Perímetro

Aprendizaje esperado: estimar, comparar y ordenar superficies de manera directa y con unidades no convencionales.

El **perímetro** es el contorno de una figura y para obtenerlo sólo tienes que sumar las medidas de sus lados.

Mide: 7 cm

Mide: 4 cm   Mide: 4 cm

Perímetro = 22 cm

Mide: 7 cm

1. **Mide con tu regla las siguientes figuras, anota la medida de cada lado y después su perímetro. Fíjate en el ejemplo anterior.**

a)

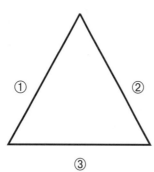

① _____   Perímetro =

② _____   _____

③ _____

b)

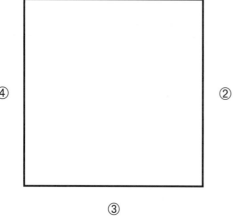

① _____   Perímetro =

② _____   _____

③ _____

④ _____

c)

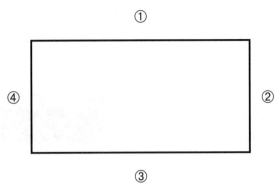

① _____ Perímetro =

② _____ _____

③ _____

④ _____

d)

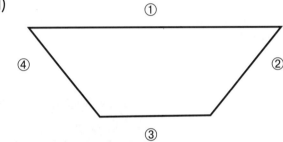

① _____ Perímetro =

② _____ _____

③ _____

④ _____

e)

① _____ Perímetro =

② _____ _____

③ _____

④ _____

⑤ _____

f)

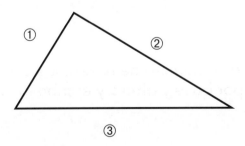

① _____ Perímetro =

② _____ _____

③ _____

Área

Aprendizaje esperado: estimar, comparar y ordenar superficies de manera directa y con unidades no convencionales.

1. **Observa los dibujos y contesta.**

    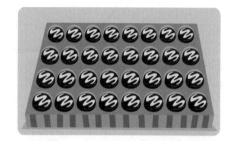

    a) ¿Cuántas filas de refrescos hay? _____

    b) ¿Cuántas columnas de refrescos hay? _____

    c) ¿Cuántos refrescos caben en la caja? _____

    d) Inventa una fórmula para calcular la cantidad de refrescos que caben en una caja.

    _____

    e) Esta es una caja de chocolates. Cuenta las columnas y las filas y utiliza la fórmula anterior para calcular la cantidad de chocolates.

    Procedimiento:

    Columnas: _____

    Filas: _____

    Fórmula:

    Resultado: _____

    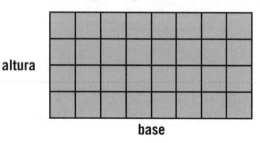

    f) Si la caja tuviera 12 filas y 5 columnas, ¿cuántos chocolates le cabrían?

    _____

2. **Observa la figura y contesta.**

    altura

    base

    > En el **rectángulo** la base corresponde al número de columnas de la caja de chocolates, mientras que la altura corresponde al número de filas.

    a) En la fórmula que utilizaste para calcular el número de refrescos y chocolates, sustituye las palabras *columnas* y *filas* por **base** y **altura** y escribe la fórmula para calcular el área del rectángulo.

    _____

> La fórmula para calcular el **área del rectángulo** es: $A = b \times h$, A = área, b = base, h = altura.

La fórmula para calcular el **área del triángulo** es: $A = \dfrac{b \times h}{2}$

A = área, b = base, h = altura. Se multiplica la base por la altura y el resultado se divide entre 2.

3. **Observa la figura y contesta. Cada cuadrito mide 1cm².**

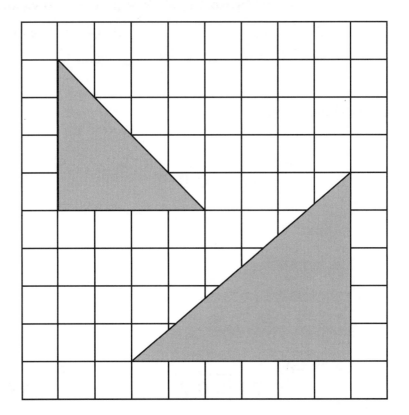

a) ¿Cuál es el área del primer triángulo? _____

b) ¿Cuánto mide el área del segundo triángulo? _____

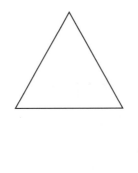
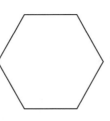

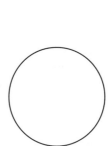

División

Aprendizaje esperado: resolver problemas de división con números naturales.

Las **partes de la división** son:

$$3 \longleftarrow \textbf{Cociente}$$
$$\text{Divisor} \longrightarrow 3\,|\,9\,0 \longleftarrow \textbf{Dividendo}$$
$$0 \longleftarrow \textbf{Residuo}$$

1. Resuelve las siguientes divisiones.

a)

$$21\,|\,6\,0\,7$$

b)

$$83\,|\,1\,0\,0$$

c)

$$59\,|\,8\,1\,4$$

d)

$$18\,|\,9\,0\,7$$

e)

$$71\,|\,8\,0\,7$$

f)

$$16\,|\,9\,6\,2$$

g)

$$93\,|\,2\,1\,7$$

h)

$$33\,|\,6\,6\,4$$

i)

$$91\,|\,4\,2\,1$$

La **división** es una operación que consiste en averiguar cuántas veces un número (divisor) está contenido en otro (dividendo).

2. **Resuelve las siguientes divisiones.**

a)

70 | 1 539

b)

61 | 8 049

c)

82 | 7 102

d)

44 | 5 712

e)

73 | 8 740

f)

11 | 8 312

g)

39 | 2 090

h)

79 | 6 541

i)

65 | 3 282

Resolución de problemas

Aprendizaje esperado: resolver problemas de división con números naturales.

1. Resuelve los problemas.

a) Se van a formar equipos de beisbol y cada equipo requiere 9 jugadores. Si llegaron 243 personas a la convocatoria, ¿cuántos equipos se pueden formar?

- ¿Qué operación vas a elaborar? _____
- ¿Por qué? _____

_____

R: _____

- ¿Cómo supiste cómo acomodar el dividendo y el divisor?

_____

b) Cada bandera de los equipos cuesta $50. ¿Cuántas banderas podrán comprar los equipos con $830?

R: _____

- Pepe y Julián comprarán 8 banderas cada uno. ¿Cómo deberán repartirse el dinero? Observa y encierra con diferentes colores.

- ¿Cuánto dinero se llevó cada uno para las banderas? _____
- ¿Quedó algún residuo sin repartir? _____
- ¿Van a necesitar ese residuo? _____

    ¿Por qué? _____

c) 280 aficionados fueron a ver la final en autobús. Si cada uno tiene 40 lugares ¿cuantos autobuses usaron?

R: _____

d) El primer partido de beisbol duró 240 minutos.

- ¿Cuántas horas duró? _____

- ¿Cuál es el divisor en esta operación? _____

- ¿Por qué ese número? _____

e) El médico lleva 184 medicamentos para los jugadores y son transportados en 23 cajas. ¿Cuántos medicamentos habrá en cada caja?

R: _____

2. **Inventa un problema en el que utilices una división para resolverlo usando los números 30 y 660.**

_____

_____

_____

Interpretación y diseño de trayectorias

Aprendizaje esperado: representar y describir oralmente o por escrito trayectos para ir de un lugar a otro en su comunidad.

1. Observa el croquis.

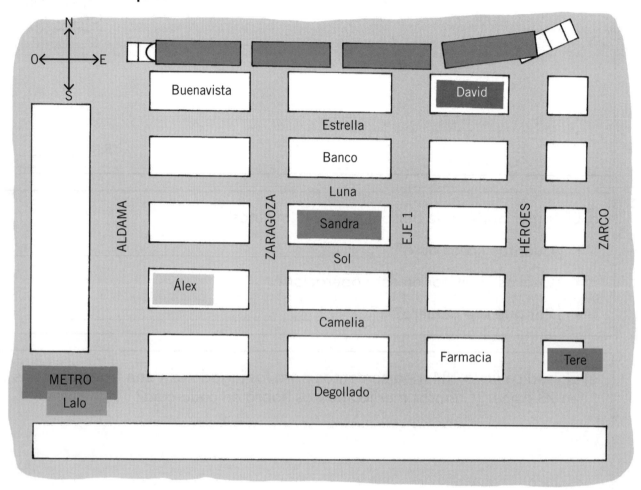

2. Lalo caminó tres calles al este sobre la calle Degollado. Colorea de verde el lugar al que llegó.

3. Tere caminó dos cuadras hacia el oeste, tres cuadras hacia el norte y se detuvo en la esquina. Marca con una **X** la esquina.

4. David debe llegar a la estación del metro. Traza la ruta que puede seguir sin utilizar la calle Aldama y describe con tus palabras el trayecto que siguió.

_____

_____

_____

5. Describe un camino que Lalo pueda seguir si pasa por David a su casa y después va a la estación Buenavista.

_____

_____

_____

6. Describe el camino que puede seguir Álex si quiere llegar a la esquina de Eje 1 y Estrella.

_____

_____

_____

7. Subraya las respuestas correctas.

a) Una de las siguientes calles no hace esquina con Aldama.

- Sol
- Estrella
- Héroes

b) La casa de Sandra se encuentra entre las calles…

- Aldama y Zaragoza.
- Zaragoza y Eje 1.
- Eje 1 y Héroes.

c) Para llegar a la estación del metro, David debe caminar hacia…

- el sur y el oeste.
- el sur y el este.
- el oeste.

d) La casa más cercana a la estación del metro es la de…

- David.
- Álex.
- Sandra.

Moda

Aprendizaje esperado: usar e interpretar la moda de un conjunto de datos.

> La **moda** es el valor con mayor frecuencia en una distribución de datos.

1. ¿Cuál es la moda en el siguiente grupo de números? Odénalos para que te sea más fácil encontrarla:

| 2 | 5 | 7 | 13 | 20 | 24 | 39 | 24 | 40 | 24 | 14 | 12 | 56 | 40 | 28 |

____ ____ ____ ____ ____ ____ ____ ____

____ ____ ____ ____ ____ ____ ____

La moda es: _____

2. En una encuesta se les preguntó a los alumnos qué actividad preferirían que se impartiera en la escuela por las tardes y los niños respondieron:

> 96 niños quieren que haya clase de futbol.
>
> 71 niños quieren que haya clase de karate.
>
> 43 niños quieren que haya clase de baile.
>
> 51 niños quieren que haya clase de pintura.
>
> 65 niños quieren que haya clase de teatro.

a) ¿Cuál es la moda? _____

b) Vacía esta información en la siguiente tabla, empezando por la actividad que menos votos obtuvo.

Niños	Clase

3. Llena la siguiente gráfica de barras de acuerdo con la información proporcionada en el ejercicio de la página anterior.

	10	20	30	40	50	60	70	80	90	100
Futbol										
Karate										
Baile										
Pintura										
Teatro										

4. Cálculo mental. Elabora las siguientes operaciones lo más rápido que puedas.

a) 41 × 50 = _____

b) 90 + 1 100 + 7 = _____

c) 8 000 − 300 + 15 = _____

d) 90 × 90 = _____

e) 700 + 3 000 − 200 = _____

f) (20 × 70) + 600 = _____

g) 2 + 1 300 + 300 = _____

h) 2 100 + 900 − 600 = _____

i) (30 × 30) + 600 = _____

j) 170 + 3 000 + 30 = _____

Comparar cantidades

Aprendizaje esperado: estimar comparar y ordenar capacidades.

La **unidad** es una magnitud uniforme que permite comparar la capacidad de otros recipientes.

Rubí acompañó a su mamá al supermercado y eligió dos cereales diferentes.

1. **Al llegar a casa quiso verificar cuál de los empaques tiene mayor contenido. Observa la imagen y contesta.**

a) ¿Qué recipiente utilizó Rubí como unidad para comparar el contenido

de ambos empaques? _____

b) ¿Cuál cereal puede consumir más veces al mes? _____

c) ¿Cuántas bolsas de cereal necesita para tener la misma cantidad que

el contenido de la caja? _____

d) Si come cereal todas las mañanas ¿para cuántas semanas y cuántos días

le alcanza?_____

Repaso

1. **Resuelve las operaciones para descubrir la imagen. Guíate con el ejemplo.**

a)
$$\begin{array}{r} 537 \\ -\ 516 \\ \hline 21 \end{array}$$

b)
$$\begin{array}{r} 788 \\ -\ 776 \\ \hline 12 \end{array}$$

c)
$$6\overline{)84}$$

d)
$$18\overline{)432}$$

e)
$$\begin{array}{r} 1756 \\ -\ 1724 \\ \hline \end{array}$$

f)
$$5\overline{)210}$$

g)
$$\begin{array}{r} 5 \\ \times\ 9 \\ \hline \end{array}$$

h)
$$8\overline{)200}$$

i)
$$7\overline{)252}$$

j)
$$\begin{array}{r} 4501 \\ -\ 4462 \\ \hline \end{array}$$

k)
$$\begin{array}{r} 6 \\ \times\ 5 \\ \hline \end{array}$$

l)
$$\begin{array}{r} 8423 \\ -\ 8363 \\ \hline \end{array}$$

m)
$$5\overline{)345}$$

n)
$$\begin{array}{r} 899 \\ -\ 833 \\ \hline \end{array}$$

o)
$$\begin{array}{r} 4872 \\ -\ 4817 \\ \hline \end{array}$$

p)
$$\begin{array}{r} 17 \\ \times\ 5 \\ \hline \end{array}$$

q)
$$\begin{array}{r} 43 \\ +\ 43 \\ \hline \end{array}$$

r)
$$\begin{array}{r} 12841 \\ -\ 12745 \\ \hline \end{array}$$

s)
$$3\overline{)282}$$

t)
$$\begin{array}{r} 100 \\ -\ 26 \\ \hline \end{array}$$

u)
$$\begin{array}{r} 24 \\ \times\ 3 \\ \hline \end{array}$$

v)
$$4\overline{)328}$$

w)
$$\begin{array}{r} 700 \\ -\ 617 \\ \hline \end{array}$$

x)
$$\begin{array}{r} 42 \\ +\ 51 \\ \hline \end{array}$$

y)
$$\begin{array}{r} 120 \\ -\ 29 \\ \hline \end{array}$$

z)
$$\begin{array}{r} 7 \\ \times\ 3 \\ \hline \end{array}$$

2. Resuelve los siguientes problemas.

a) El señor García quiere poner un alambrado alrededor de su terreno que tiene forma rectangular y mide 47 metros de ancho y 12 de largo, ¿cuántos metros de alambre se necesitan?

R: _____.

b) Alejandro quiere pintar la pared de su cuarto en forma rectangular que mide 7 metros de ancho y 13 de largo, y un adorno en forma triangular que mide 5 cm de base por 36 de altura, ¿cuánta superficie de pintura tiene que cubrir para pintar la pared?, ¿y para el adorno?

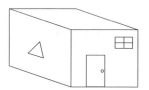

R: _____.

c) Dos amigos compraron una pizza. Pedro se comió $\frac{6}{12}$ y Tomás $\frac{2}{6}$, ¿cuántas rebanadas de pizza se comieron entre los dos?

R: _____.

d) Victoria compró un pastel y lo dividió en 10 pedazos para compartirlo con sus hermanos. Se comió $\frac{1}{3}$, ¿cuánto les dejó?

R: _____.

El Plato del bien comer

Aprendizaje esperado: analizar las características de una dieta basada en el Plato del bien comer y la compara con sus hábitos alimenticios.

> Para estar sano es elemental tener una **buena alimentación**, es decir, que tu cuerpo debe obtener los nutrientes, vitaminas y minerales que necesita para trabajar correctamente. Para lograrlo es importante aprender a planear tus comidas. El Plato del bien comer explica cada uno de los grupos de alimentos y proporciona información sobre la variedad y mejor manera de combinarlos para que tu alimentación esté equilibrada.

1. **Observa la primera imagen del Plato del bien comer y completa la segunda, escribiendo en cada grupo cuatro ejemplos de alimentos.**

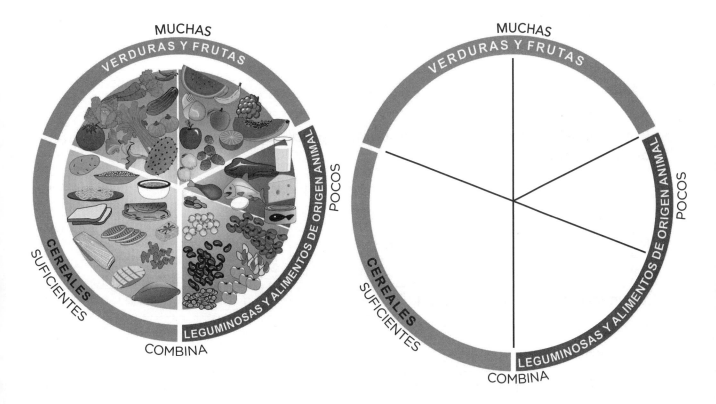

2. **Completa.**

Diariamente en cada comida debemos incluir muchas _____

pocos _____ y suficientes

_____. Y es importante beber

entre _____ vasos de agua simple potable.

3. Completa la siguiente tabla con la información sobre lo que acostumbras comer en las diferentes comidas. Coloca una ✔ cuando la comida sea completa, y una ✘ cuando no.

desayuno		
colación		
comida		
colación		
cena		

4. Escribe en las líneas qué puedes hacer para que tus comidas sean completas, ¿qué agregarías a cada una?

_____

_____

_____

5. Busca en la sopa de letras las siguientes palabras relacionadas con el Plato del bien comer.

frutas

verduras

leguminosas

muchas

alimentos

cereales

animal

pocos

combina

suficientes

comer

plato

origen

O	B	W	V	B	H	I	E	M	P	G	R	M	P	E	B	K
F	M	S	B	A	U	M	E	I	L	D	N	Q	O	X	X	I
P	Y	U	T	K	R	E	U	X	A	U	C	A	C	I	I	E
Q	H	O	C	A	T	I	N	I	T	Y	O	K	O	Q	K	A
H	N	Y	I	H	D	C	A	I	O	Q	M	I	S	U	N	X
Y	E	P	T	A	A	N	E	T	K	C	E	S	Q	A	I	I
E	L	I	O	D	Q	S	G	F	P	I	R	O	U	N	J	K
Q	H	H	Q	M	P	U	G	J	R	S	Z	O	L	I	D	U
C	E	R	E	A	L	E	S	M	P	U	U	C	Q	M	D	Q
K	N	F	C	N	C	R	R	V	O	U	T	O	E	A	J	E
S	U	F	I	C	I	E	N	T	E	S	A	A	L	L	R	O
A	L	I	M	E	N	T	O	S	H	E	H	E	S	D	D	R
E	T	W	J	F	E	C	U	T	J	Q	Z	M	M	H	U	I
A	L	T	F	E	J	O	E	P	B	T	U	T	A	Q	B	G
L	E	G	U	M	I	N	O	S	A	S	A	O	M	E	Z	E
A	T	E	B	B	N	W	Z	G	A	P	M	B	Z	K	V	N
C	O	M	B	I	N	A	T	V	E	R	D	U	R	A	S	A

¿Cómo funciona mi cuerpo?

Aprendizaje esperado: conocer las funciones del cuerpo humano y su relación con el mantenimiento de la salud.

> El **sistema nervioso** recibe información del medio que nos rodea y del interior del cuerpo; mantiene relación y comunicación con todos los órganos, es decir, aparatos y sistemas están comunicados entre sí.

1. Completa el organizador gráfico.

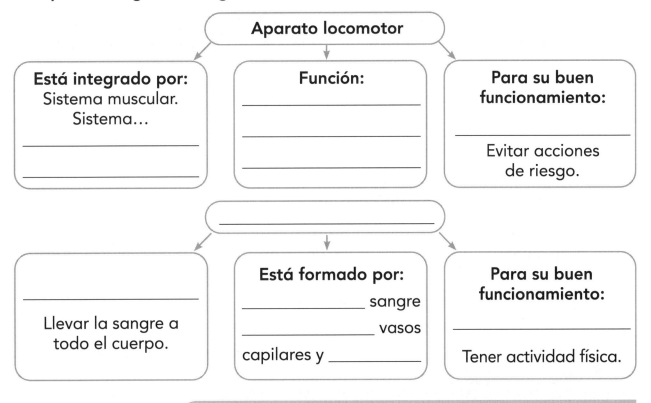

Aparato locomotor

Está integrado por:
Sistema muscular.
Sistema…
_____
_____

Función:
_____
_____
_____

Para su buen funcionamiento:
_____
Evitar acciones de riesgo.

_____

_____
Llevar la sangre a todo el cuerpo.

Está formado por:
_____ sangre
_____ vasos
capilares y _____

Para su buen funcionamiento:
_____
Tener actividad física.

> La **digestión** es la transformación de los alimentos para que puedan ser absorbidos y utilizados por las células del organismo.

2. Numera los recuadros, del 1 al 5, para señalar el recorrido de los alimentos.

☐ Del estómago pasa al intestino delgado, completándose la digestión con la ayuda del hígado (bilis) y el páncreas (jugo pancreático).

☐ En el estómago se mezcla con el jugo gástrico que ayuda al bolo alimenticio a transformarse en papilla.

☐ Las sustancias nutritivas pasan a la sangre y las no nutritivas pasan al intestino grueso.

☐ El alimento entra por la boca en donde se mezcla con la saliva, formando una masa llamada bolo alimenticio.

☐ El bolo alimenticio pasa a la faringe que lo conduce al esófago, tubo que comunica la boca con el estómago.

3. Completa el recorrido que lleva a cabo el aire por el aparato respiratorio. Escribe las palabras que faltan; utiliza las que se encuentran dentro de los recuadros.

calienta	humedece	nariz

a) El aire inicia su recorrido en el organismo, por la _____,

en donde se filtra, _____ y _____;

expulsar pulmones	absorben faringe	oxígeno laringe	baja dióxido de carbono	tráquea

b) _____ por la garganta a través de la _____ y la

_____, llegando a la _____ y después a los

_____. Los pulmones _____ el _____,

también son los encargados de _____ el _____

(desecho de las células del cuerpo).

alvéolos	recoge	produce	exterior	a la sangre

c) Dentro de los pulmones se encuentran los _____, en ellos se

_____ el paso del oxígeno del aire _____ y

también se _____ el dióxido de carbono para expulsarlo

al _____.

4. Completa el párrafo con las siguientes palabras.

venas	células	corazón	sangre	desecho	arterias

a) El sistema circulatorio está formado por vasos sanguíneos que transportan

la _____ desde y hacia el corazón. Las _____ transportan la

sangre desde el corazón al resto del cuerpo, y las _____ la conducen

desde el cuerpo hasta el _____.

b) El sistema circulatorio lleva oxígeno, nutrientes y hormonas a las _____

y elimina los productos de _____, como el dióxido de carbono.

Los sistemas sexuales femenino y masculino

Aprendizaje esperado: describir los órganos de los sistemas sexuales masculino y femenino, sus funciones y prácticas de higiene.

1. **Escribe en la línea el número que corresponde al caracter sexual primario, colócalo también en la descripción que corresponda al órgano.**

1) trompas de falopio

2) ovarios

3) útero

4) cérvix

5) vagina

6) endometrio

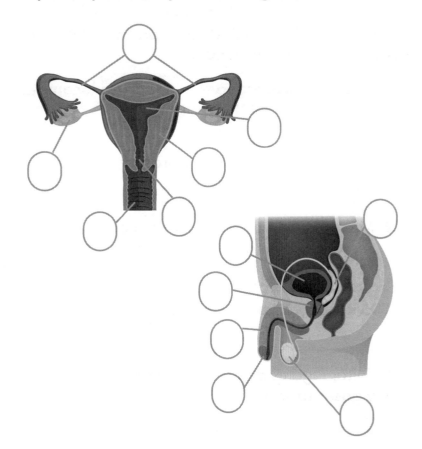

7) vejiga

8) vesículas seminales

9) testículos

10) pene

11) glande

12) próstata

a) Recibe al óvulo fecundado y es donde se desarrolla el feto. _____

b) Órganos encargados de producir los espermatozoides. _____

c) Órgano musculoso con un conducto interior llamado uretra. _____

d) Conductos que comunican los ovarios con el útero,

donde se lleva a cabo la fecundación. _____

e) Canal que comunica al útero con el exterior. _____

f) Órganos en los que se produce el líquido en el que nadan

y se transportan los espermatozoides. _____

g) Órgano en el que se producen y maduran los óvulos. _____

¿Cómo cuido mi cuerpo?

Aprendizaje esperado: conocer las funciones del cuerpo humano y su relación con el mantenimiento de la salud.

> El **cuidado del organismo** es una responsabilidad de cada uno de nosotros. Cuando somos niños, los adultos se encargan de enseñarnos buenos hábitos para mantenernos saludables. Con el paso del tiempo nosotros debemos cuidarnos y esforzarnos por conservar la salud.

1. Escribe en la línea cuál de los aparatos del cuerpo se cuida con cada una de las acciones mencionadas.

> aparato respiratorio   aparato locomotor   aparato circulatorio
> aparato digestivo   aparato reproductor

a) Comer poca sal, azucar y grasa.

_____

b) Mantener una posición correcta al sentarse, caminar o estar de pie.

_____

c) Evitar sobrepeso y obesidad.

_____

d) Evitar lugares donde haya humo y gases tóxicos.

_____

e) Masticar bien los alimentos.

_____

f) Incluir alimentos de los tres grupos del Plato del bien comer en cada comida.

_____

g) Usar ropa holgada.

_____

h) Llevar una dieta suficiente, equilibrada, variada, completa y adecuada.

_____

i) Llevar a cabo al aire libre ejercicios de inhalación y exhalación.

_____

j) Usar protectores en los órganos sexuales externos cuando se practica algún deporte brusco.

_____

k) Evadir acciones de riesgo.

_____

l) Lavar y desinfectar frutas y verduras antes de comerlas.

_____

m) Cambiar ropa interior todos los días.

_____

n) Secar completamente los órganos sexuales después del baño.

_____

¿Cómo se reproducen las plantas?

Aprendizaje esperado: conocer algunas formas en que las plantas se reproducen y su interacción con otros seres vivos.

> La **reproducción sexual** de las plantas con flores se produce cuando las células reproductoras se unen en el proceso de fecundación, dando lugar a una célula que más tarde formará un embrión dentro de la semilla.

1. Escribe el nombre de las partes de la flor. Utiliza las palabras del recuadro.

> estigma   estambre   ovario   pistilo
> antera   filamento   óvulos

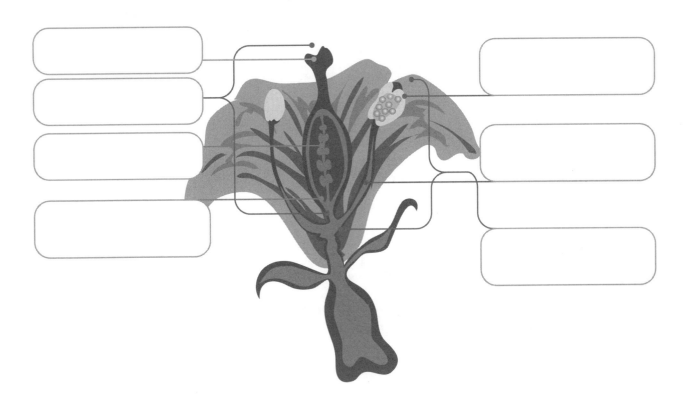

2. Une cada elemento de la flor con la descripción que le corresponde.

androceo   estambre   pistilo

a) Órgano sexual femenino, con tres estructuras: ovario, estilo y estigma.

b) Órgano sexual masculino formado por un conjunto de estambres.

c) Está formado por: la antera que contiene el polen, y el filamento que sostiene en alto a la antera.

3. Escribe si la afirmación se refiere a la reproducción sexual o a la reproducción asexual.

a) El óvulo se transforma en semilla. _____

b) En este tipo de reproducción no hay unión de células sexuales masculinas y femeninas.

_____

c) Antes de la fecundación, el polen debe ser transportado de una antera al estigma.

_____

d) Un organismo origina otro a partir de un pequeño fragmento de sí mismo.

_____

e) Se presenta el proceso de polinización. _____

_____

f) Se reproducen por medio de los tallos, las hojas y las raíces.

_____

Clasificación de animales

Aprendizaje esperado: describir las principales características de los seres vivos y la importancia de clasificarlos.

> Los animales se reproducen para mantener su especie. Por su forma de nacer se clasifican en **vivíparos** y **ovíparos**.

1. Escribe debajo de cada animal si es *vivíparo* u *ovíparo* por su forma de nacimiento.

a)

b)

c)

d)

e)

f)

2. Escribe *V* si el enunciado es verdadero, y *F* si el falso.

a) Los reptiles son ovíparos porque se gestan dentro de un huevo. _____

b) Las aves construyen su nido e incuban los huevos. _____

c) Los mamíferos se desarrollan dentro de un huevo. _____

d) Las crías de la vaca se desarrollan dentro del cuerpo de la madre. _____

e) Los animales no se preocupan por cuidar a sus crías. _____

Cadenas alimenticias

Aprendizajes esperados: explicar la dinámica de un ecosistema a partir de algunas de las interacciones que ocurren entre los factores físicos y biológicos; reconocer los efectos de las actividades humanas en los ecosistemas, a fin de proponer acciones para mantener su estabilidad.

> De acuerdo con la forma en que **obtienen su alimento**, los seres que viven en un ecosistema se clasifican en: productores, consumidores primarios, secundarios, terciarios y descomponedores. Para sobrevivir, los organismos establecen relaciones alimentarias con los demás seres vivos, lo que da lugar a las cadenas alimenticias o cadenas tróficas.

| productores | consumidores | | | descomponedores |
	primarios	secundarios	terciarios	
Son los que producen sus propios alimentos: plantas y algas.	Se alimentan de las plantas. Llamados también herbívoros: conejo, elefante, venado, gusano, jirafa, hipopótamo.	También llamados carnívoros. Se alimentan de los herbívoros: ocelote, tigre, lobo, araña.	Se alimentan de los carnívoros: león, zorro, leopardo, cocodrilo, zopilote, orca, águila, tiburón, buitre.	Se alimentan de excremento, restos de animales y plantas las cuales transforman en sustancias sencillas (sales minerales) que podrán utilizarse de nuevo como alimento por las plantas o las algas: hongos y bacterias.

1. Observa las ilustraciones y escribe su nombre donde corresponde.

productores	consumidores primarios	consumidores secundarios	consumidores terciarios	descomponedores

2. Describe alguna cadena alimenticia que conozcas.

_____

_____

Hongos y bacterias

Aprendizaje esperado: describir las principales características de los seres vivos y la importancia de clasificarlos.

> Las **bacterias** y los **hongos** son descomponedores ya que se depositan sobre la materia orgánica que después se utilizará en la fotosíntesis. El papel de las bacterias y hongos en el ecosistema es muy importante.

1. Completa los siguientes enunciados para resolver el crucigrama.

1. Las _____ se aprovechan para elaborar queso, pan y vino.

2. De los hongos se obtienen antobióticos como la _____.

3. Las bacterias que viven en el tubo digestivo ayudan a la _____.

4. Bacterias que fermentan la leche para producir yogurt: _____.

5. Los hongos y bacterias pueden vivir incluso en el ser _____.

6. Hongos microscópicos que se utilizan para elaborar pan: _____.

7. Los _____ causan infecciones como el pie de atleta.

Contaminación

Aprendizaje esperado: reconocer algunas causas y efectos de la contaminación del agua, aire y suelo.

> Un **ecosistema** está formado por un grupo de seres vivos relacionados entre sí que comparten el agua, suelo, aire, temperatura, etc.
>
> Los seres humanos hacemos muchas cosas en nuestra vida diaria que afectan el ecosistema. Las plantas, los animales, el agua y el aire son parte de la naturaleza y debemos cuidarlos.

1. **Escribe una _V_ si la consecuencia corresponde a la alteración, o una _F_ si no es así.**

   a) Tirar basura en la playa. – Los animales del mar sufren. _____

   b) Caza de animales carnívoros. – Aumento de animales herbívoros. _____

   c) Que los camiones contaminen. – Erosión del suelo. _____

   d) No cerrar la llave cuando nos lavamos los dientes. – Desperdicio de agua. _____

   e) Usar detergentes en los ríos. – Contaminación del aire. _____

   f) Cortar árboles. – Se acaban los bosques. _____

   g) Uso excesivo de aparatos eléctricos. – Deforestación. _____

   h) No separar la basura. – Disminución del acopio de desperdicios reciclables. _____

> Los seres humanos debemos desarrollar nuevos hábitos para proteger el ecosistema. Podemos ayudar a cuidarlo usando las **tres erres**: reducir, reciclar, reusar.

2. **Escribe en la línea la acción que corresponda a la definición.**

   > reducir   reciclar   reusar

   a) Juntar materiales para someterlos a un proceso en el cual se pueden volver a utilizar. _____

   b) Comprar sólo lo que necesitamos y aprovecharlo muy bien. _____

   c) Volver a utilizar las cosas. _____

3. **Anota un ejemplo de cómo puedes contribuir con el cuidado del ecosistema utilizando cada una de las tres erres.**

   a) Reducir: _____

   b) Reciclar: _____

   c) Reusar: _____

Líquido, sólido y gaseoso

Aprendizaje esperado: experimentar y describir los cambios de estado de agregación con base en la variación de temperatura.

Los **estados físicos** de algunos materiales son: sólido, que tiene forma definida, y los líquidos y gases que no tienen forma sino que adquieren la del recipiente que los contiene. Algunos materiales cambian su estado físico por la temperatura. Cuando cambia de sólido a líquido se llama fusión; de líquido a sólido, solidificación; de líquido a gas, evaporación, y de gas a líquido, condensación.

1. Escribe a cada imagen el estado físico que representa: líquido, gaseoso o sólido.

a)

b)

c)

_____ _____

2. Completa la información de la tabla con las siguientes palabras.

juntas   volumen   expansión   dureza   definida
forma   contiene   unidas   alejadas

Líquido	Sólido	Gaseoso
No tiene _____ propia.	Forma _____	Carece de forma.
Adopta la forma del recipiente que lo contiene.	Las partículas que lo constituyen están muy _____	No tiene volumen propio.
Las partículas que lo forman están _____ entre sí.	Difícil de comprimir.	Las partículas que lo forman están _____ por fuerzas muy débiles.
Su _____ es constante.	No cambia su volumen.	Adopta la forma del recipiente que lo _____
Propiedades: viscosidad y volatilidad	Propiedades: _____, fragilidad, ductabilidad.	Ocupa todo el volumen del recipiente en que es encuentra.
		Propiedades: compresión y _____

Ciclo del agua

Aprendizaje esperado: experimentar y describir los cambios de estado de agregación con base en la variación de temperatura.

> El **ciclo del agua** es el movimiento del agua en la naturaleza. Es continuo y principia cuando el líquido de ríos, lagos y océanos se evapora hacia la atmósfera.

1. Colorea el ciclo del agua.

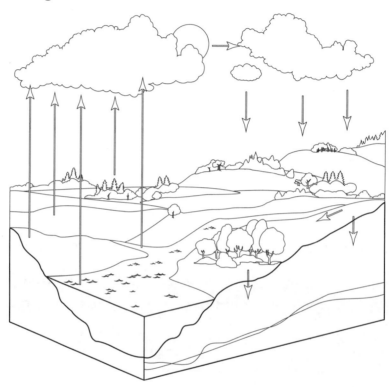

2. Observa el esquema y ordena la información que se propone, numerando los recuadros en forma ascendente, para que quede descrito el ciclo del agua.

a) Una parte del agua de lluvia que cae se filtra en la tierra y reabastece los mantos freáticos.

b) Sube a la atmósfera condensándose en pequeñas gotas de agua dando origen a las nubes.

c) Otra parte de la lluvia desciende hasta los océanos e inicia el ciclo del agua.

d) El agua de océanos y lagos se evapora.

e) Cuando las pequeñas gotas se unen forman unas más grandes que caen en forma de lluvia, si la temperatura es baja se solidifica cayendo como nieve o granizo.

Materias primas

Aprendizajes esperados: identificar algunos procesos de fabricación de los materiales que usa en la vida cotidiana; identificar el origen de algunas materias primas y sus procesos de obtención.

La luz del sol, el agua, el aire, el petróleo, los minerales, la tierra, las plantas y los animales son **recursos naturales**. La materia prima es la materia extraída de la naturaleza que se transforma para elaborar materiales que se convertirán en bienes de consumo. Se usa el avance de la ciencia y la tecnología para transformarlos, ya sea en casa, talleres, fábricas o industrias. Dichos bienes se clasifican según su origen en animal, vegetal o mineral.

1. Relaciona el producto con el lugar donde se lleva a cabo su proceso de transformación: en casa, taller o fábrica.

a) Frijoles charros

b) Refresco de lata

c) Agua de naranja   casa

d) Collar de cuentas

e) Salsa casera   taller

f) Vajilla de porcelana

g) Placa de coche   fábrica o industria

2. Colorea el recuadro con café si la materia prima es de origen animal, verde si es de origen vegetal, o rojo si es de origen mineral.

corcho	lana	arcilla	madera
mármol	oro	algodón	

3. Investiga y explica cómo se lleva a cabo el proceso para obtener una blusa a partir de las flores del algodón.

_____

_____

_____

_____

Procesos que producen luz

Aprendizaje esperado: identificar procesos en su entorno que producen luz y calor y son aprovechados por los seres humanos.

> La **reflexión** es un fenómeno que se produce cuando los rayos de la luz chocan con un cuerpo liso. La **refracción** es un fenómeno que se produce cuando la luz se desvía al pasar de un medio de propagación a otro.

1. **Escribe debajo de los fenómenos luminosos, las aplicaciones correspondientes.**

   a) fabricación de anteojos

   b) espejos para el arreglo personal

   c) telescopio

   d) funcionamiento del periscopio

   e) cámara de video

   f) binoculares

   g) imagen de un pescador en la superficie del agua

   h) color blanco

   i) lupa

   (refracción)

   _____
   _____
   _____
   _____
   _____
   _____
   _____

   (reflexión)

   _____
   _____
   _____
   _____
   _____
   _____
   _____

2. **Completa los nombres de las distintas energías de acuerdo con su definición.**

   solar   hidráulica   eólica

   a) Energía _____ : usa la energía del agua acumulada o en movimiento.

   b) Energía _____ : emplea la energía de los rayos del Sol que se capta con paneles solares.

   c) Energía _____ : usa la energía producida por el viento y se obtiene por medio de aerogeneradores.

Hay tres formas de electrizar un cuerpo:
- **Frotamiento**. Al frotar un cuerpo con otro; frotar un lápiz con un paño de lana.
- **Contacto**. Cuando un cuerpo cargado se pone en contacto con otro, la carga eléctrica se distribuye entre los dos y, de esta manera, los dos cuerpos quedan cargados con el mismo tipo de carga; es una carga permanente.
- **Inducción**. Un material es capaz de comunicar una carga de sentido opuesto sin que se altere su propia carga. Ocurre cuando un cuerpo neutro eléctricamente se aproxima a un cuerpo electrizado y es atraído

3. Escribe una *V* si el enunciado es verdadero, o una *F* si es falso.

a) La electrización es cuando a un cuerpo se le dota de propiedades eléctricas. _____

b) La materia contiene dos tipos de cargas: positivas y negativas. _____

c) Los objetos no cargados poseen cantidades diferentes de cada tipo de carga. _____

d) Cuando se frota un cuerpo, los dos cuerpos adquieren carga negativa. _____

e) Los cuerpos electrizados con carga del mismo signo se rechazan. _____

4. Observa las imágenes y únela con el tipo de electrización que representa.

a)

contacto

b)

inducción

c)

frotamiento

Fuerzas

Aprendizaje esperado: diferenciar entre fuerzas intensas y débiles, y algunas de sus consecuencias.

> **Fuerza** es todo agente capaz de modificar la cantidad de movimiento o la forma de los materiales. La fuerza permite mover un objeto quieto o en reposo.

1. **Da un ejemplo de cómo se aplica la fuerza en cada uno de los distintos tipos.**

   a) Fuerza de tensión: se da cuando a un cuerpo se ata una cuerda, un alambre, un resorte o un cable y se hala o se tensa. _____

   b) Fuerza elástica: se ejerce por objetos como resortes cuando buscan regresar a su estado de inercia. _____

   c) Fuerza gravitatoria: fuerza de atracción entre dos cuerpos que depende de sus masas y de la separación entre ambos. _____

   d) Fuerza de empuje: se ejerce contra un rifle o pistola y que lo hace retroceder. _____

   > La **fricción** o rozamiento es la fuerza que existe entre dos cuerpos en contacto que se opone al movimiento entre ambos. Dicha fuerza hace que se eleve la temperatura de las superficies que se deslizan.

2. **Coloca una ✔ en los ejemplos donde haya fuerza de fricción, y una ✗ en los que no.**

   a) Patear un balón muy fuerte. _____

   b) Frotarse las manos una con otra para calentarlas. _____

   c) Revolver el agua de limón. _____

   d) Deslizarse sobre un tobogán de plástico. _____

   e) Encender un cerillo. _____

   f) Clavar un clavo con un martillo. _____

3. **Numera las siguientes acciones en las que se aplica fuerza. Empieza con la más débil y termina con la más intensa.**

   a) Cargar a un bebé. _____

   b) Cargar a un adulto. _____

   c) Abanicarse. _____

   d) Levantar un lápiz. _____

   e) Empujar un coche. _____

   f) Mover una hoja de papel. _____

La Luna

Aprendizaje esperado: explicar las fases de la Luna en un sistema Sol-Tierra-Luna.

La **Luna** es un satélite natural que gira alrededor de la Tierra. Completa un ciclo de rotación y traslación cada 28 días, los realiza al mismo tiempo que la Tierra por eso siempre vemos la misma cara; juega un papel importante en las mareas y eclipses.

1. **Completa la ficha de datos de la Luna.**

   Me llamo: _____

   Soy el _____ de la Tierra.

   Hago dos movimientos: _____ y _____ ,

   que duran _____.

2. **Une la imagen con la descripción de la fase de la Luna que le corresponde.**

Luna nueva: la Luna está entre la Tierra y el Sol, la cara que mira a la Tierra queda de espaldas al Sol.

a)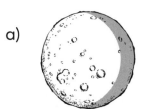

Cuarto creciente: la Luna, la Tierra y el Sol forman un ángulo recto, por lo que se puede observar la mitad de la Luna, en su periodo de crecimiento.

b)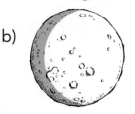

c)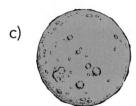

Cuarto menguante: los tres cuerpos vuelven a formar ángulo recto, por lo que se puede observar en el cielo la otra mitad de la cara lunar.

d)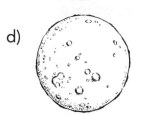

Luna llena: ocurre cuando la Tierra se ubica entre el Sol y la Luna; ésta recibe los rayos del Sol en su cara visible; por lo tanto, se ve completa.

Eclipses

Aprendizaje esperado: explicar los eclipses en un sistema Sol-Tierra-Luna.

Cuando la Tierra se sitúa entre el Sol y la Luna, la sombra de la Tierra se proyecta en la Luna y produce un **eclipse de Luna**. Cuando la Luna se interpone entre el Sol y la Tierra, la sombra que proyecta sobre la Tierra produce un **eclipse de Sol**. La sombra de la Tierra es muy grande y oculta totalmente la Luna. La sombra de la Luna es mucho más pequeña y solo se proyecta en una estrecha franja (zona o banda de centralidad).

1. **Escribe sobre los espacios: Tierra, Sol, Luna, según corresponda, y el tipo de eclipse que se representa.**

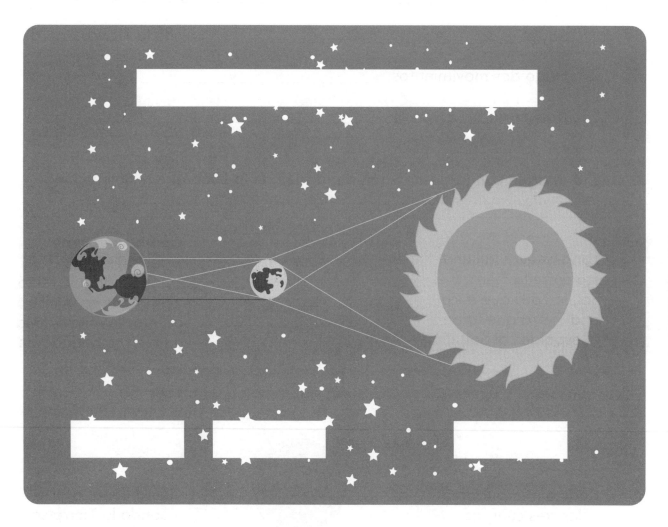

2. **Explica porqué se presenta un eclipse.**

_____

_____

_____

Eventos repetitivos

Aprendizajes esperados: comprender que el tiempo se puede medir por eventos repetitivos; identificar algunos eventos repetitivos en los seres vivos.

En la naturaleza y en la vida diaria existen situaciones y eventos que se repiten constantemente. Esto puede ayudarnos a **medir el tiempo**.

1. Escribe 3 eventos que se repitan en tu vida diaria.

    a) _____

    b) _____

    c) _____

2. Escribe 5 eventos que se repiten cada año.

    a) _____

    b) _____

    c) _____

    d) _____

    e) _____

3. Coloca una ✔ en los eventos repetitivos que se den sólo en animales.

    a) hibernación   _____

    b) alimentación   _____

    c) migración estacional   _____

    d) respiración   _____

    e) sueño   _____

4. Escribe un evento que tú sepas que va a pasar cuando otro sucede, por ejemplo, sabemos que pocos días después de Navidad se termina el año.

    _____

    _____

    _____

Repaso

1. **Escribe en la línea el sistema del cuerpo al que corresponda la característica.**

    a) Permite el movimiento del cuerpo. _____

    b) Está formado por corazón, sangre, arterias, etc. _____

    c) Transforma los alimentos para que puedan ser absorbidos. _____

    d) Proceso por el que se hace llegar oxígeno a todas las células. _____

2. **Dibuja en un cuadro el aparato reproductor femenino, y en el otro el masculino; señala sus partes más importantes.**

3. **Escribe el grupo del Plato del bien comer que corresponda.**

    a) Tipo de alimentos se recomienda consumir combinados. _____

    b) Son la principal fuente de energía e incluyen a los tubérculos. _____

    c) Tienen muchas vitaminas y se recomienda su consumo abundante. _____

4. **Escribe dos diferencias entre la reproducción sexual y la asexual de las plantas.**

    _____

    _____

    _____

5. Escribe tres ejemplos de animales vivíparos, y tres de ovíparos.

(vivíparos)   (ovíparos)

_____   _____

_____   _____

_____   _____

6. Completa el párrafo con las siguientes palabras.

(lluvia   evapora   suelo   vapor   continuo   movimiento)

El ciclo del agua es el _____ del agua en la naturaleza, es _____ y principia cuando el líquido de ríos, lagos y océanos se _____ hacia la atmósfera. En las alturas, el _____ de agua se condensa y forma nubes; después se precipita como _____, granizo o nieve para formar nuevamente ríos, lagos y océanos, o se filtra en el _____.

7. Menciona dos ejemplos de materia prima de origen animal, dos de origen vegetal, y dos de origen mineral.

a) Origen animal: _____ _____

b) Origen vegetal: _____ _____

c) Origen mineral: _____ _____

8. Menciona las tres formas de electrizar un cuerpo.

a) _____   b) _____   c) _____

9. Dibuja y coloca un nombre a cada una de las fases de la Luna.

10. Explica cómo se produce un eclipse de sol.

_____

_____

El porqué de la historia

Aprendizajes esperados; identificar algunas definiciones de la historia; comprender que la historia ocurre en ciertos espacios y en ciertos periodos de tiempo; valorar la importancia de aprender historia, de conservar la memoria y relatos de las personas como fuentes para reconstruir el pasado y valorar que tiene una historia propia y la reconstruye a partir de una investigación y el uso de fuentes familiares.

1. Investiga y anota dos definiciones de historia.

    a) _____

    _____

    b) _____

    _____

2. ¿Para qué crees que sirve conocer la historia?

    _____

    _____

> La **historia** abarca millones de años. Para comprenderla, los hechos se ordenan cronológicamente, de los más antiguos a los más recientes. Las etapas de la historia son: Prehistoria, Edad Antigua, Edad Media, Edad Moderna y Edad Contemporánea.

3. Escribe tres acontecimientos que se hayan dado en tu historia familiar.

    a) _____

    b) _____

    c) _____

4. Pide ayuda a alguien para que te proporcione información sobre algún integrante de tu familia, y elabora su línea del tiempo.

5. Ubica tres acontecimientos de la línea del tiempo en el espacio donde se llevaron a cabo. Escribe en las líneas los lugares.

    a) _____

    b) _____

    c) _____

Poblamiento de América

Aprendizaje esperado: comprender que la historia ocurre en ciertos espacios y en ciertos periodos de tiempo.

1. Observa el mapa y con lápices de colores traza la ruta principal por la cual llegaron a América desde Asia los primeros pobladores del continente.

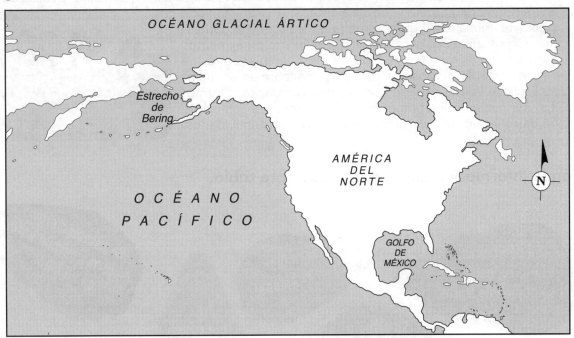

2. Ubica y marca en la línea del tiempo las siguientes fechas: cuarto milenio a. C.; segundo milenio a. C.; siglo II d. C.; siglo XIV d. C.; siglo XVI d. C.

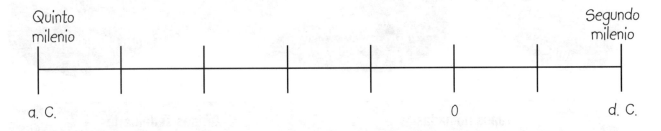

Un **milenio** equivale a mil años o a 10 siglos; un siglo tiene 100 años. El punto inicial de nuestro calendario es el nacimiento de Cristo, por eso el tiempo anterior se denomina "antes de Cristo" (a. C.), y el posterior "después de Cristo" (d. C.).

3. Elabora una línea del tiempo donde indiques lo que duró el proceso del poblamiento de América.

De nómadas a sedentarios

Aprendizaje esperado: identificar el modo de vida de los cazadores recolectores.

Los **grupos nómadas** se dedicaban a la caza, pesca y recolección de frutos; sus herramientas eran piedras afiladas, flechas y huesos que utilizaban para cazar, cortar la piel y carne de los animales. Su refugio eran cuevas o chozas, se protegían con pieles de animales. El proceso de la agricultura y la domesticación de animales permitieron el suministro de alimentos a los grupos nómadas que empezaron a cambiar su forma de vida estableciéndose de forma permanente en un lugar; es decir, se volvieron sedentarios con viviendas más formales. Así nacieron las primeras aldeas, elaboraron utensilios de barro y tejieron sus vestimentas, entre otras actividades.

1. Con la información completa la siguiente tabla.

Se dedicaban a la caza, pesca y recolección de frutos.

Nacen las primeras aldeas.

Se establecieron de forma permanente en un lugar.

Su refugio eran cuevas o chozas.

Se protegían con la piel de los animales.

Son agricultores, domestican animales.

Elaboran utensilios de barro y vestido.

Utilizaban piedras afiladas, hachas y huesos para cazar y cortar.

Grupos nómadas	Grupos sedentarios

La agricultura

Aprendizaje esperado: identificar el proceso de domesticación de las plantas, el desarrollo de técnicas e instrumentos agrícolas y el proceso de formación de aldeas.

Alrededor del año 5000 a. C., se empezó a cultivar maíz en México. Después de observar cómo las semillas caían y nacían nuevas plantas, se empezó a sembrarlas. Gracias a la agricultura y a que se empezó a domesticar animales como el guajolote, ya no se dependió tanto de la cacería y la recolección. Al ver esto, los grupos quisieron quedarse a cuidar sus cultivos y se volvieron sedentarios. Se formaron las aldeas y comenzó el trueque de productos.

1. Por los restos de semillas que se encontraron en Puebla, se sabe que se cultivaron ciertos productos. Encierra en un círculo los que creas que forman parte de los que fueron cultivados.

espárrago	zarzamora	frambuesa	chayote	chile
frijol	espinaca	aguacate	plátano	amaranto
	calabacita	maíz	piña	

2. Con el inicio de la agricultura, los grupos humanos cambiaron muchos de sus hábitos y formas de vivir. Identifica con una ✗ en los paréntesis esos cambios.

a) Seguían el paso de las manadas.   (   )

b) Se asentaron en un lugar.   (   )

c) Construyeron viviendas permanentes.   (   )

d) Modificaron el paisaje al cultivar la tierra.   (   )

e) Pudieron hacer reservas de alimentos.   (   )

f) Vivían en cuevas.   (   )

g) Tejían canastas, cuerdas y redes de fibras vegetales.   (   )

3. Dado que la mayor parte de la dieta de los mexicanos se compone de alimentos preparados con maíz, escribe los ingredientes y la forma de preparar algún platillo que contenga maíz.

_____

_____

_____

Aridoamérica, Mesoamérica y Oasisamérica

Aprendizaje esperado: comprender los conceptos de cultura, civilización y Mesoamérica.

En el México antiguo, se han ubicado tres grandes áreas culturales: Mesoamérica, Aridoamérica y Oasisamérica.

Mesoamérica. Región situada en lo que ahora es el centro y sur de México y parte de América Central; su clima era templado y cálido y por lo tanto sus tierras fértiles; sus actividades principales eran la agricultura, domesticación de animales y alfarería. Los grupos humanos se volvieron sedentarios y constituyeron las primeras aldeas.

1. Completa los cuadros con la información de Mesoamérica.

Ubicación: _____
_____

Clima: _____
_____

Actividades: _____
_____

Tipo de cultivos: _____
_____

Aridoamérica. Zona comprendida en lo que ahora es el norte de México y la parte sur de Estados Unidos, de clima extremoso; mucho frío por la noche y excesivo calor en el día; de tierras áridas y semiáridas con abundancia de pastos, xerófitas, cactáceas y coníferas, se dedicaban a la caza, pesca, recolección y la guerra; utilizaban el arco y la flecha para cazar y combatir.

2. Completa los cuadros con la información de Aridoamérica.

Ubicación: _____
_____

Vegetación: _____
_____

Actividades: _____
_____

Artefactos: _____
_____

Oasisamérica. Abarcó gran parte de Chihuahua y Sonora (actuales estados de México) y Arizona, Utah, Nuevo México y California (lugares de Estados Unidos), de clima caluroso y lluvias escasas, pero como contaba con oasis algunas tierras eran favorables para la agricultura; además de esta actividad se dedicaban a la caza, recolección y comercio.

3. Completa el siguiente mapa mental.

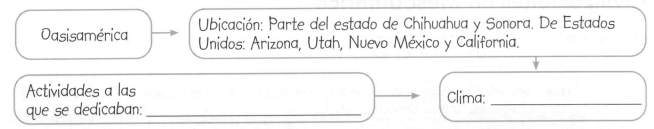

| Oasisamérica | → | Ubicación: Parte del estado de Chihuahua y Sonora. De Estados Unidos: Arizona, Utah, Nuevo México y California. |

Actividades a las que se dedicaban: _____ → Clima: _____

4. Colorea de naranja Aridoamérica, de morado Oasisamérica, y de verde Mesoamérica.

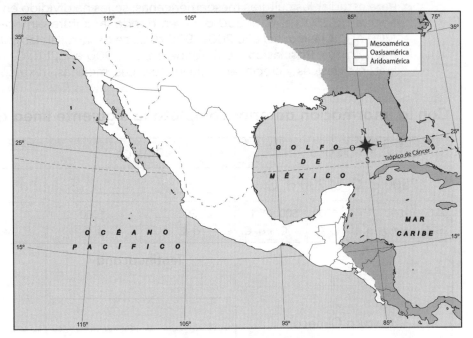

5. Relaciona las características con las zonas culturales e históricas.

a) Mayor disponibilidad de agua.

b) Suelo árido y lluvia escasa.

c) Ocupó el Noroeste de México.

d) Desarrollo de culturas complejas.

e) Habitada por nómadas.

f) Población asentada en torno a fuentes de agua en medio del desierto.

g) Sociedades con gobierno y distintas clases sociales. Ocupaba el Occidente, Centro, Sur y Sureste del actual México y parte de Centroamérica.

h) Se usaba la escritura con distintas modalidades. Abundancia de ríos y lagos.

i) Mayor población que en las demás áreas.

Oasisamérica

Aridoamérica

Mesoamérica

Civilizaciones en Mesoamérica

Aprendizaje esperado: comprender cómo surgieron centros de poder en diferentes regiones.; reconocer algunos de los principales centros políticos de la época prehispánica.

> **Mesoamérica** es un área cultural en la que se desarrollaron civilizaciones que compartieron costumbres, formas de vida y religión.
>
> Para estudiar las culturas mesoamericanas, se les ha dividido en tres periodos: **Preclásico**: abarca de 2500 a. C. al 200 d. C., en donde la cultura olmeca alcanza su esplendor en 1200 a. C. **Clásico**: del año 200 a 900 d. C., se desarrollan las culturas teotihuacana, zapoteca y maya. **Posclásico**: comprende del año 900 a 1521 d. C., periodo del devenir de las culturas clásicas y crecimiento de los toltecas, mexicas, mixtecos y purépechas.

1. Con la información anterior completa la siguiente línea del tiempo.

Preclásico						Clásico		Posclásico	
2500 a. C. al 200 d. C						_____			al 1521
2500 a. C.	2000 a. C.	1500 a. C.	1000 a. C.	500 a. C.	1 a. C.	500 d. C.	1000 d. C.	1500 d. C.	2000 d. C.
Cultura Olmeca						Teotihuacana _____ _____		Toltecas _____ _____ _____ Caída de la Gran Tenochtitlan	

2. Colorea en el mapa las zonas donde se estableció cada una de las siguientes civilizaciones.

a) Olmeca

b) Maya

c) Purépecha

d) Teotihuacana

e) Zapoteca

f) Mixteca

g) Tolteca

h) Mexica

Civilización olmeca

Aprendizaje esperado: identificar asentamientos y hallazgos de estilo olmeca.

1. Completa la información colocando las siguientes palabras donde corresponda.

> cabezas   Veracruz   antigua   jaguar   preclásico   esculturas   Tabasco

Durante el período _____, los olmecas habitaron fundamentalmente en lo que hoy es el sureste de _____ y el oeste de _____. Ésta fue la cultura más _____ de Mesoamérica y su escritura también es considerada la más antigua de América. Los olmecas eran politeístas y rendían culto al _____. La expresión artística y cultural que más representa a los olmecas es la creación de las _____ colosales. Lo más extraordinario de las cabezas olmecas es que los yacimientos pétreos más cercanos a donde fueron encontradas estaban a 100 km de distancia. En total, se han encontrado 17 de estas _____ de entre 6 y 40 toneladas de peso.

2. Dibuja en un lado del cuadro una cabeza olmeca; en el otro, al jaguar.

3. ¿Por qué se le conoce a la civilización olmeca como la "cultura madre"?

_____

_____

4. ¿Qué sustancia negra utilizaban los olmecas para recubrir los caminos y sellar las lanchas?

_____

Civilizaciones en Mesoamérica

Aprendizaje esperado: comprender cómo surgieron centros de poder en diferentes regiones; reconocer algunos de los principales centros políticos de la época prehispánica; reconocer algunos dioses, prácticas y espacios religiosos prehispánicos.

Teotihuacan, Ciudad de los Dioses, fue la ciudad más grande de Mesoamérica y comercial por su abundante producción agrícola, pertenece al periodo clásico (150 al 750 d. C.). Los teotihuacanos construyeron basamentos piramidales de gran tamaño, distinguiéndose el uso de talud y tablero. Hasta nuestros días, permanecen las construcciones al Sol, a la Luna, a Quetzalcóatl. La sociedad estaba formada por sacerdotes, guerreros, comerciantes, artesanos, agricultores. Los artesanos elaboraban ornamentos y utensilios de trabajo con jade, obsidiana gris o verde, cristal volcánico negro, concha y hueso; con barro, producían vasos, platos, vasijas, ollas. Se cree que su decadencia se debió a invasiones de otros pueblos, sobreexplotación de los recursos naturales.

1. **Completa escribiendo en los espacios la información que se te solicita. Apóyate en la cápsula anterior.**

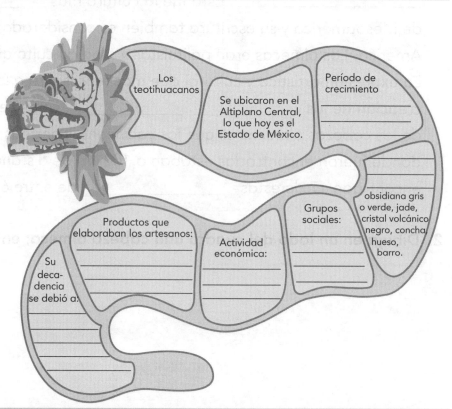

Los teotihuacanos

Se ubicaron en el Altiplano Central, lo que hoy es el Estado de México.

Período de crecimiento

obsidiana gris o verde, jade, cristal volcánico negro, concha, hueso, barro.

Grupos sociales:

Actividad económica:

Productos que elaboraban los artesanos:

Su decadencia se debió a:

Los **zapotecos** se ubicaron en La Mixteca Alta (valles de Oaxaca, Puebla y Guerrero). **La agricultura fue su principal actividad, básicamente sembraban maíz; también desarrollaron la alfarería.** Construyeron la ciudad ceremonial de Monte Albán; tenían un dios para cada elemento de la naturaleza. Estaban divididos en grupos sociales: **gobernantes-sacerdotes, comerciantes, guerreros, artesanos, campesinos y prisioneros de guerra**.

La **cultura mixteca** se desarrolló durante el **posclásico 900 a 1521 d. C.** en Oaxaca, parte de Guerrero y Puebla cerca de los ríos. La sociedad estaba dividida en: **gobernante, principales, hombres libres, terrazgueros o campesinos, sirvientes y esclavos**. Fueron considerados los mejores artesanos de Mesoamérica, tallaban herramientas y figuras en obsidiana, cristal de roca; elaboraban cerámica policromada, dominaron la orfebrería. Su escritura fue plasmada en códices. Desarrollaron excelentes técnicas para la agricultura (terrazas) y al juego de pelota le dieron dos acepciones: religiosa (rituales dedicados a la fertilidad, principalmente) y política (sacrificios humanos).

2. Elabora una ficha de datos de la cultura zapoteca y otra de la mixteca.

Cultura zapoteca

Ubicación: La Mixteca Alta _____

Período: _____

Grupos sociales: _____

Actividades económicas: _____

Religión: un dios para cada elemento de la naturaleza. _____

Cultura mixteca

Ubicación: _____

Período: _____

Grupos sociales: _____

Actividades económicas: _____

Religión: _____
---

3. Subraya la opción que completa las oraciones.

a) La cultura maya se desarrolló en:

- Península de Yucatán, Tabasco y Chiapas.
- Puebla y Veracruz.

b) Dicha cultura es considerada la de:

- menor desarrollo de todas las culturas aborígenes americanas.
- mayor desarrollo de todas las culturas aborígenes americanas.

c) Los mayas fueron excelentes:

- astrónomos.
- agrónomos.

d) Alcanzaron su mayor esplendor entre los años:

- 2500 a 1500 a. C.
- 250 a 900 d. C.

4. Los mayas construyeron muchas ciudades y centros ceremoniales que contaban con pirámides, templos, palacios, juegos de pelota y observatorios astronómicos. Menciona cinco centros ceremoniales mayas y menciona en qué entidad federativa se encuentra cada uno.

_____   _____

_____   _____

_____   _____

_____   _____

Los **toltecas** se establecieron durante el posclásico en Chingú, hoy Tula, en el Estado de Hidalgo. Fue poblada principalmente por dos grupos: toltecas y chichimecas. Eran politeístas, pero su dios principal era Quetzalcóatl. La economía tolteca se basaba en la agricultura, la producción de artesanía, el comercio y el tributo. Esta cultura se caracterizó por el predominio de la casta militar. La decadencia y destrucción de esta ciudad se cree que fue por los conflictos políticos y religiosos entre los toltecas y chichimecas, y las prolongadas sequías.

5. **Reúnete con un compañero y coloreen del mismo color las tarjetas que completen la información.**

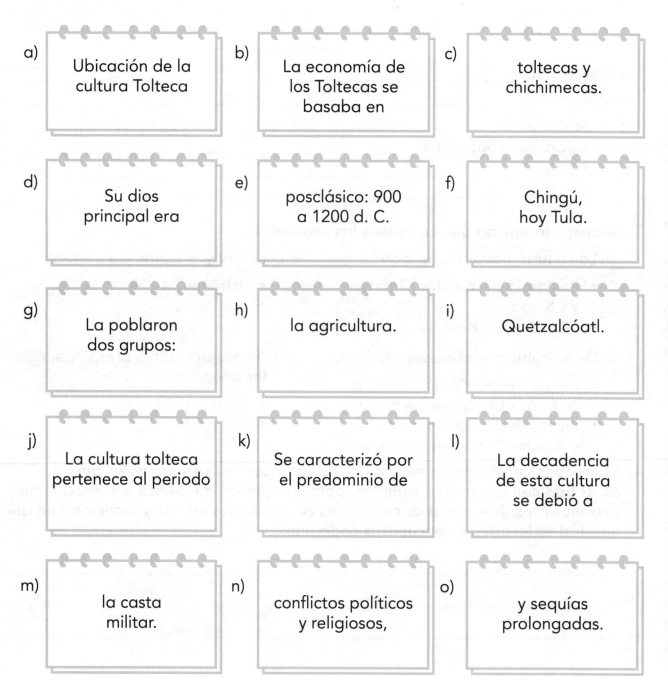

a) Ubicación de la cultura Tolteca

b) La economía de los Toltecas se basaba en

c) toltecas y chichimecas.

d) Su dios principal era

e) posclásico: 900 a 1200 d. C.

f) Chingú, hoy Tula.

g) La poblaron dos grupos:

h) la agricultura.

i) Quetzalcóatl.

j) La cultura tolteca pertenece al periodo

k) Se caracterizó por el predominio de

l) La decadencia de esta cultura se debió a

m) la casta militar.

n) conflictos políticos y religiosos,

o) y sequías prolongadas.

Provenían de un lugar mítico llamado Aztlán, por ello se llamaban **aztecas**; también se les conoce como mexicas. Cansados de pagar tributo decidieron buscar otro lugar para fundar una nueva ciudad y dejar atrás su nombre y pasado. En 1325 llegaron al lago de Texcoco, guiados siempre por un guerrero de nombre Huitzilopochtli, dentro del lago había una isla en la que fundaron México-Tenochtitlan. Eran hábiles guerreros, se unieron al pueblo de Texcoco y Tacuba para rebelarse contra el señor de Azcapotzalco, formando un grupo al que se le llamó La Triple Alianza. La sociedad mexica estaba formada por: Tlatoani (gobernante o señor); Pipiltin (jueces, guerreros, sacerdotes); Pochtecas (comerciantes); Macehualtin (artesanos y campesinos), y Tlacotli (prisioneros de guerra).

6. **Completa los textos. Apóyate en el texto anterior.**

   a) Los mexicas para liberarse de Azcapotzalco se aliaron a _____

   _____ formando un grupo llamado _____.

   b) Al jefe máximo de los aztecas se le llamaba _____.

   c) Los pueblos conquistados por los aztecas pagaban un _____.

   d) Los mexicas dominaron gran parte de Mesoamérica por medio de _____.

   e) _____ es el guerrero que guio el camino de los aztecas al lugar donde debían establecerse.

   El **Imperio purépecha** o tarasco abarcaba una extensa área geográfica del actual estado mexicano de Michoacán, partes de Jalisco, sur de Guanajuato, Guerrero, Querétaro, Colima y Estado de México. En la época de la conquista española, fue el segundo estado más grande de Mesoamérica. Su gobierno era monárquico y teocrático. Como la mayoría de las culturas prehispánicas, los purépechas eran politeístas. El estado purépecha fue contemporáneo y enemigo del Imperio mexica, contra el que luchó muchas veces.

7. **Escribe una *V* si el enunciado es verdadero, o una *F* si es falso.**

   a) Otra manera de llamar al Imperio purépecha es Tarasco. _____

   b) Esta civilización ocupa una extensa área geográfica del actual estado de Michoacán. _____

   c) Los purépechas se instalaron en la zona del Lago de Texcoco. _____

   d) Los purépechas eran politeístas. _____

   e) La civilización purépecha alcanzó su máximo desarrollo en el periodo Clásico. _____

   f) Los purépechas eran monoteístas. _____

   g) El mayor personaje en la historia de los purépechas fue el rey Tariácuri. _____

   h) El estado purépecha fue contemporáneo y enemigo del Imperio mexica. _____

8. **Encuentra en la sopa de letras el nombre de las ocho civilizaciones de Mesoamérica.**

olmecas   zapotecas   mexicas   huari

teotihuacanos   toltecas   incas   mayas

W	Q	P	F	A	G	U	F	S	S	O	U	Q	F	U
T	O	B	I	N	C	A	S	A	T	Z	K	U	U	H
Z	T	G	F	E	X	Q	C	K	E	Q	Q	V	S	Y
A	O	U	C	F	P	E	U	U	O	A	O	K	J	O
P	L	F	A	M	M	P	S	Y	T	R	O	M	U	N
O	T	U	A	L	H	U	E	Ñ	I	Q	O	A	Z	R
T	E	U	O	L	B	D	G	M	H	Y	Q	Y	O	W
E	C	M	E	X	I	C	A	S	U	A	O	A	I	N
C	A	Ñ	R	K	Z	T	O	E	A	B	F	S	H	C
A	S	X	Y	U	U	Y	E	R	C	U	M	K	U	N
S	I	P	I	Q	P	A	K	U	A	I	F	G	A	C
K	J	S	S	R	K	I	U	G	N	I	H	E	R	S
I	A	I	F	J	U	F	T	P	O	Z	P	I	I	R
E	P	D	R	C	E	Q	V	B	S	N	P	Q	I	C
M	V	L	C	K	Y	J	A	B	F	U	I	X	I	G

La herencia indígena

Aprendizaje esperado. Analiza el planteamiento ¿dónde percibo la herencia cultural indígena en mi vida cotidiana?

La **identidad mexicana** está claramente influenciada por raíces indígenas en palabras que usamos todos los días y en cosas o platillos en los que se nota la esencia indígena. Existen muchos vocablos indígenas que han enriquecido al español.

chile en nogada

chilaquiles

mole poblano

pozole jalisciense

tamales

1. **Encierra en un círculo las palabras de origen indígena que encuentres a continuación.**

   a) Xalapa

   b) bombón

   c) aguacate

   d) huarache

   e) Chapultepec

   f) iguana

   g) tambache

   h) barbacoa

   i) taller

   j) Querétaro

   k) drenaje

   l) jaguar

   m) chocolate

   n) patata

   o) Mazatlán

   p) cigarro

   q) coyote

   r) cacahuate

2. **La comida mexicana actual combina ingredientes indígenas con otros procedentes, principalmente, de Europa y Asia. Investiga entre tus familiares cuáles de estos ingredientes son indígenas y de dónde proceden los otros. Escribe en la línea su origen.**

   a) maíz _____

   b) carne de cerdo _____

   c) aguacate _____

   d) crema y queso _____

   e) pimienta _____

   f) pollo _____

   g) chile _____

   h) canela _____

   i) naranja _____

   j) nopal _____

La conquista española

Aprendizaje esperado: reflexionar sobre las circunstancias históricas de la conquista española de la capital mexica.

Cuando los europeos empezaron a tener problemas para adquirir productos de Asia, decidieron buscar nuevas rutas comerciales. Fue así como Cristobal Colón llegó a América en 1492. Después del descubrimiento de América inició la etapa de **la conquista**, los españoles llegaron a los nuevos territorios en busca de riquezas y poder. Hernán Cortés en 1519 salió de Cuba para explorar las tierras mesoamericanas; a su llegada varios pueblos, totonacas, tlaxcaltecas, entre otros, se unieron a él para liberarse del dominio azteca. El 13 de agosto de 1521, Tenochtitlan cayó en manos de los españoles por las alianzas de los pueblos dominados por los aztecas con los españoles, las armas utilizadas por los españoles eran superiores, en tecnología; y el debilitamiento de la población mexica por la viruela.

1. Lee los textos y completa las ideas.

Causas que contribuyeron a la conquista de Tenochtitlan.

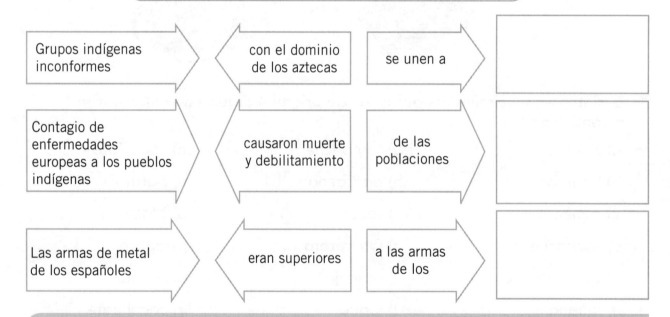

Grupos indígenas inconformes	con el dominio de los aztecas	se unen a	
Contagio de enfermedades europeas a los pueblos indígenas	causaron muerte y debilitamiento	de las poblaciones	
Las armas de metal de los españoles	eran superiores	a las armas de los	

Con la **caída de Tenochtitlan**, el 13 de agosto de 1521, comenzó la historia de la Nueva España. Los españoles poblaron y gobernaron (colonizaron) el territorio invadido; exploraron Mesoamérica de norte a sur con el fin de encontrar oro y plata además de evangelizar a los indígenas. El proceso de expansión tuvo como con secuencias guerras prolongadas, creación de presidios, cerca de las minas y misiones que eran lugares para evangelizar a los indígenas.

2. Une la causa con su consecuencia.

a) Búsqueda de plata y oro

b) Evangelización de los indígenas

c) Dominar más territorios

- Construcción de misiones

- Guerras prolongadas

- Creación de presidios cerca de las minas

El gobierno en la Nueva España

Aprendizaje esperado: reflexionar sobre las circunstancias históricas de la conquista española de la capital mexica.

El **virrey** era la máxima autoridad de la Nueva España, gobernaba en nombre de la corona Española, era un noble español con conocimientos militares. El **consejo de Indias**: diseñaba leyes, nombraba funcionarios; supervisaba la recaudación de la Real Hacienda. **Casa de contratación**: regulaba el comercio entre España y Nueva España, llevaba el registro del oro y plata exportados. **Audiencias**: Tribunales civiles y judiciales encargados de escuchar las quejas de los pobladores, aplicar la justicia y las leyes. **Gobernadores**: administraban las provincias. **Cabildo o Ayuntamiento**: Resolvía los problemas económicos, administrativos, políticos y judiciales de la región a su cargo. **Iglesia**: Se encargaba de la evangelización, educación; creación y supervisión de hospitales y orfanatos para los indígenas.

Tenochtitlan fue conquistada en 1521. Se convirtió en el centro administrativo y político de la Nueva España, y en 1535 pasó a ser un virreinato.

1. Completa el esquema.

Máxima autoridad en España y en las colonias.

Consejo de Indias
Supervisaba la recaudación de la _____

elaboraba _____

_____
Noble con experiencia militar, nombrado por el rey como su representante.

Casa de Contratación
Regulaba y supervisaba _____

_____
Tribunales civiles y judiciales encargados de escuchar las quejas de los pobladores, aplicar la justicia y las leyes.

Gobernadores
_____

_____
Resolvía los problemas económicos, administrativos, políticos y judiciales.

Iglesia
Se encargaba de la _____, educación, _____ y supervisión de _____ y orfanatos para los _____

Desigualdad social y discriminación

Aprendizaje esperado: reflexionar sobre la desigualdad social y la diversidad cultural de Nueva España; reconocer la estructura del gobierno novohispano.

El color de piel, el grupo étnico, el dinero, determinaban la posición social, los derechos y los privilegios en la Nueva España. Españoles, criollos, mestizos, indígenas, castas y africanos; eran los **grupos sociales** del virreinato de la Nueva España.

1. **Anota a cada imagen a qué grupo social representa y el número, del 1 al 6, que le corresponde en la escala social en la época de la colonia.**

a)

☐ ___español___

Grupo con más privilegios. Ocupaban los puestos del gobierno más importantes. Propietarios de tierras y minas.

b)

☐ _____

La convivencia cotidiana provocó uniones entre españoles, indígenas y africanos; estas relaciones dieron origen a las castas.

c)

☐ _____

Hijos de españoles con indígenas. Agricultores, ganaderos, arrieros, trabajadores en minas.

d)

☐ _____

Reunidos en nuevos poblados, llamados pueblos de indios, para facilitar su evangelización y cobrarles tributo.

e)

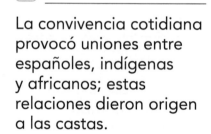

☐ _____

Hijos de españoles nacidos en Nueva España. Funcionarios menores, comerciantes, hacendados.

f)

☐ _____

Grupos traídos a América como esclavos. Esclavos en minas, haciendas azucareras y obrajes.

2. Completa la tabla con las palabras del recuadro.

algodón   puertos   maíz   indígenas   plata   plazas   vacas

Actividades económicas en el virreinato	
minería	• Extracción de _____ principalmente. • Propició la fundación de pueblos y ciudades. • Se utilizaba el trabajo de los esclavos negros e indios asalariados.
agricultura	• Cultivos de _____, frijol, trigo, vid, olivo. • Se limpian terrenos para sembrar. • Se utilizaba el trabajo de peones asalariados, _____ y mestizos, principalmente.
ganadería	• Crianza de _____, caballos, cerdos. • Cabezas de ganado dominaban el paisaje. • Se utiliza el trabajo de peones asalariados (indígenas y mestizos)
obrajes	• Producción de telas de _____ y lana. • Se utiliza el trabajo de los indígenas, negros esclavos y prisioneros.
comercio	• Productos ganaderos, agrícolas y mineros. • Favoreció la construcción de _____. • Lo llevaban a cabo los arrieros, comercio interno; se distribuía en tianguis y _____.

La pobreza de las castas y los indígenas se agravó con las reformas hechas por la dinastía de los Borbones en las colonias españolas.

3. Relaciona la columna de inconformidades con el grupo social.

a) No eran considerados de sangre limpia, su pobreza iba en aumento después de las reformas de los Borbones.   (   ) criollos

b) Reducción de representantes en la Audiencia, no podían aspirar a los puestos altos del gobierno, sólo podían estudiar arte, leyes, religión y medicina.   (   ) indígenas

c) Llegaron como esclavos, trabajaban en minas, ingenios, servicio doméstico, capataces, arrieros y guardaespaldas de los encomenderos.   (   ) castas

d) Cambiaron su forma de vida al ser conquistados, el aumento de impuestos aumentó su pobreza.   (   ) mestizos

e) Los privilegios de este grupo eran menores que los de los criollos y los españoles. Chile   (   ) africanos

4. Da un ejemplo de alguna situación en la que hayas observado desigualdad, marginación o discriminación. _____

_____

La religión prehispánica y la evangelización

Aprendizaje esperado: reconocer la transformación de la cultura indígena debido al cambio religioso.

> Los pueblos mesoamericanos practicaban el **politeísmo**, es decir, adoraban a varios dioses que representaban elementos de la naturaleza y de actividades humanas.

1. Escribe una _V_ en los enunciados que sean verdaderos, o una _F_ en los falsos.

a) Tláloc y Chac son el mismo dios en diferentes culturas. _____

b) Quetzalcóatl significa 'serpiente emplumada'. _____

c) Los dioses mayas y mexicas tenían los mismos nombres. _____

d) Meztli era la diosa de la Luna. _____

e) Tonatiuh es el dios del viento. _____

El Papa puso como condición para autorizar la conquista, que se evangelizara a los indígenas. Distintas **órdenes religiosas** llegaron a la Nueva España: franciscanos en 1523, dominicos en 1526, agustinos en 1533. Los frailes se vieron en la necesidad de aprender las lenguas de los indígenas; utilizaron dibujos, pinturas, escultura, música, obras de teatro, cantos, etc., para enseñar la lengua española, los oficios y el catecismo.

La Iglesia tuvo importantes propiedades agrícolas y ganaderas y fue impulsora de la elaboración de grandes obras artísticas, desde imponentes catedrales hasta pinturas, esculturas, objetos para el culto y diversos ornamentos.

2. Subraya la respuesta correcta.

a) La primera orden religiosa en la Nueva España fue:

- la jesuita.
- la dominica.
- la franciscana.

b) Estaban obligadas a registrarse en la parroquia de la localidad:

- Sólo los indígenas.
- Todas las personas.
- Los forasteros.

c) Las propiedades agrícolas de la Iglesia eran:

- bien administradas.
- poco explotadas.
- abandonadas.

d) El criterio de la Iglesia en materia de educación se imponía:

- a toda la población.
- sólo a españoles.
- sólo a mestizos.

e) Se puede decir que la Iglesia influía sobre la sociedad novohispana:

- en el aspecto religioso.
- en lo económico.
- en todos los aspectos.

El movimiento de Independencia

Aprendizaje esperado: reconocer la multicausalidad del movimiento de Independencia y ordena cronológicamente los principales acontecimientos de la guerra de Independencia.

> El **movimiento de Independencia** en América Latina inicia durante la invasión napoleónica a España en 1808. Los criollos son influidos por el pensamiento ilustrado, nace la idea de desligarse de España para fundar un país independiente y soberano.

1. Escribe dentro de cada recuadro el hecho que corresponde a cada consecuencia. Considera los que se te presentan en los pergaminos.

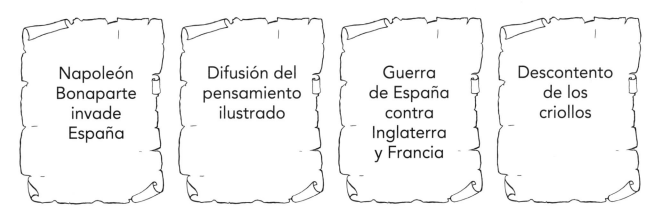

Napoleón Bonaparte invade España

Difusión del pensamiento ilustrado

Guerra de España contra Inglaterra y Francia

Descontento de los criollos

a) _____

Sucede en 1808. Napoleón nombra rey a su hermano José Bonaparte.

b) _____

Para mantener la guerra, España obtiene recursos de la colonia cobrando

impuestos y realizando confiscaciones.

c) _____

La idea de libertad e igualdad fueron proclamadas en el siglo XVIII.

d) _____

No podían ocupar cargos de importancia en el gobierno virreinal

de la Nueva España.

La **guerra de Independencia** inició la madrugada del 16 de septiembre de 1810, cuando el cura de Dolores, Miguel Hidalgo y Costilla, reunió a los habitantes del lugar para invitarlos a combatir contra los españoles (1). 1811, Hidalgo, Allende y Aldama son fusilados (2). 1811-1813, Campaña de Morelos (3). 1813, Congreso de Chilpancingo (4). 1814, Constitución de Apatzingán (5). 1815, prisión y muerte de Morelos (6). 1816-1821, Vicente Guerrero (7) encabeza el movimiento en el sur 1821, con la entrada del Ejército Trigarante a la ciudad de México termina la guerra de Independencia (8).

2. **Elabora la línea del tiempo del movimiento de Independencia. Acomoda los números de los eventos en el período de 1810 a 1821.**

Año	1810	1811	1812	1813	1814	1815	1816	1817	1818	1819	1820	1821
Evento												

Para evitar que los criollos promovieran la **independencia**, los españoles tomaron el Palacio de Gobierno por medio de un golpe de Estado. Los criollos comprendieron que sólo podían conspirar en secreto.

3. **Completa la tabla. Toma en cuenta las ideas que se te presentan.**

a) Al descubrirse, algunos de sus miembros se levantaron en armas.

c) Tomaron parte José María Obesa y José María Michelena.

b) Al descubrirse se desterró a los conspiradores.

d) Participaron Miguel Hidalgo e Ignacio Allende.

Conspiración de Valladolid	Conspiración de Querétaro
Sobrevino en 1809.	Aconteció en 1810.
El lugar de reunión era la casa de los Michelena.	Se conspiró en la casa de Josefa Ortiz de Domínguez.

El **ejército insurgente**, comandado por Hidalgo, se dirigió a Guanajuato, tomó la Alhóndiga de Granaditas y continuó rumbo a Valladolid donde Hidalgo se entrevistó con Morelos.

Hidalgo quería terminar con la pobreza y la esclavitud, estableciendo en la Nueva España un gobierno que actuara con leyes justas.

4. **Escribe los números del 1 al 5 según cómo ocurrieron los hechos.**

_____ En Guadalajara, Hidalgo decretó la abolición de la esclavitud.

_____ En el pueblo de Dolores comenzó el movimiento de Independencia.

_____ Hidalgo y otros insurgentes fueron condenados y fusilados.

_____ El ejército insurgente entró en Guanajuato y tomó la alhóndiga de Granaditas.

_____ Hidalgo encomendó a Morelos organizar la lucha en el sur del país.

5. **Completa las siguientes fichas con las características del ejército insurgente y el ejército realista.**

Ejército insurgente

Buscaban la autonomía de _____.

Sus dirigentes eran: _____.

Hidalgo buscaba la igualdad _____

y un gobierno que actuara con _____.

Ejército realista

Defendía que la Nueva España siguiera dependiendo de _____.

Sus principales dirigentes eran: _____.

Formaron su ejército con trabajadores de diferentes grupos sociales, reclutados por la fuerza.

6. Busca en la sopa de letras los nombres de los ocho héroes de la Independencia que están abajo. Luego, escríbelos junto a sus apellidos.

G	W	O	A	D	K	B	O	Y	M	I	G	U	E	L	X
E	U	C	E	P	J	O	M	A	A	T	E	E	X	X	U
A	O	A	G	T	O	S	Y	W	O	C	P	H	O	U	S
E	G	O	D	H	C	Y	M	B	V	H	S	O	S	C	Z
I	E	U	Y	A	U	A	O	M	Y	A	Y	U	B	U	M
B	O	J	S	P	L	Y	W	V	E	G	M	D	K	J	O
Q	Q	O	E	T	H	U	Y	I	H	A	P	N	I	D	Z
I	I	S	R	K	I	U	P	C	Q	I	U	R	A	E	E
E	G	E	C	S	T	N	M	E	M	R	F	L	D	B	M
A	N	F	U	O	A	H	F	N	Y	A	K	H	Y	N	C
B	A	A	E	A	V	J	G	T	J	I	N	L	K	E	K
M	C	N	E	V	X	I	U	E	A	V	Y	E	P	L	Y
Z	I	B	R	Z	O	E	Y	A	T	U	C	U	J	H	L
Q	O	E	B	I	W	O	P	Z	N	D	U	G	F	Z	D
G	I	I	R	J	O	S	E	M	A	R	I	A	W	V	D

_____ Hidalgo   _____ Morelos

_____ Allende   _____ Guerrero

_____ Ortíz   _____ de Iturbide

_____ Aldama   _____ Victoria

Al morir los primeros **insurgentes**, Morelos toma el liderazgo de la lucha sobresaliendo por su intervención militar, su visión de un país con justicia e igualdad social e impulsó el Congreso de Chilpancingo. Muere en 1815 y continúan la lucha con la táctica de guerrillas Guadalupe Victoria, Vicente Guerrero y Francisco Javier Mina.

7. **Escribe el nombre de cada uno de los siguientes personajes y algún acontecimiento importante en el que participó.**

a)

Nombre: _____

Acontecimiento en que participó: _____

_____

_____

b)

Nombre: _____

Acontecimiento en que participó: _____

_____

_____

c)

Nombre: _____

Acontecimiento en que participó: _____

_____

_____

8. **De las siguientes oraciones, señala con una _I_ las que fueron causas internas que propiciaron la consumación de la Independencia, y con una _E_ las que fueron causas externas.**

a) La invasión napoleónica en España ( )

b) El rechazo del grupo criollo realista a la constitución de 1812 ( )

c) La ausencia del rey español en su trono ( )

d) El deseo de acabar con la lucha entre insurgentes y realistas ( )

e) El agotamiento de recursos para seguir con la guerra ( )

f) La crisis de las finanzas públicas en la Nueva España ( )

g) La imposibilidad de España para enviar tropas a América ( )

h) Las luchas de independencia de otros países americanos ( )

Repaso

1. Explica cómo se llevó a cabo el poblamiento de América, por dónde llegaron los primeros pobladores y cuándo fue.

_____

_____

_____

_____

_____

2. Menciona tres diferencias entre nómadas y sedentarios.

a) _____

b) _____

c) _____

3. Escribe en la línea el nombre de la zona que se describa. Escoge entre Oasisamérica, Aridoamérica o Mesoamérica.

a) Región situada en lo que ahora es el centro y sur de México y parte de América Central.

_____

b) Abarcó gran parte de Chihuahua, Sonora, Arizona, Utah, Nuevo Mexico y California.

_____

c) Zona comprendida en lo que ahora es el norte de México y la parte sur de Estados Unidos.

_____

4. Responde las preguntas para completar el crucigrama de la siguiente página.

1) ¿El desarrollo de qué actividad cambió por completo la forma de vida de los grupos nómadas?

2) ¿Qué cayó el 13 de agosto de 1521?

3) En 1325, los aztecas llegaron al lago de:

4) ¿Qué civilización se estableció en el estado de Hidalgo?

5) ¿Palenque, Tikal, Uxmal y Tulum son algunos de los centros ceremoniales de qué civilización?

6) ¿Cuál fue la cultura más antigua que existió en Mesoamérica?

5. Menciona una característica de cada civilización.

a) olmeca _____

b) teotihuacana _____

c) zapoteca _____

d) mixteca _____

e) maya _____

f) tolteca _____

g) mexica _____

h) purépecha _____

6. Explica cómo sucedió la conquista española.

_____

_____

7. Menciona algo que haya hecho cada uno de los siguientes personajes de la Independencia de México.

a) Miguel Hidalgo _____   d) Guadalupe Victoria _____

b) Ignacio Allende _____   e) Josefa Ortiz de Dominguez _____

c) José María Morelos _____   f) Agustín de Iturbide _____

México en los mapas del mundo

Aprendizaje esperado: reconocer la utilidad de los mapas para obtener y conocer información acerca del territorio nacional.

> Los **mapas terrestres** son representaciones de los distintos lugares del mundo. Dan cuenta de la forma y límites de un territorio, de su ubicación, de la distribución de sus recursos naturales, sus climas y demás información que contribuye a conocer de mejor manera un lugar.

1. **Observa las siguientes imágenes. Ubica dónde se encuentra México y remarca su contorno.**

2. **Observa el siguiente mapa. Colorea de café el territorio de México y completa el texto, si es necesario auxíliate con las pistas.**

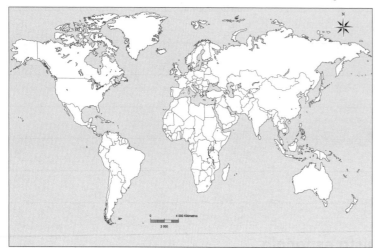

- Estados Unidos de América
- Estados Unidos Mexicanos
- Golfo de México
- Guatemala
- Belice
- Mar Caribe
- Océano Pacífico
- República Mexicana
- México

_____ es el nombre oficial de nuestro país, aunque se le conoce también como _____ o _____. Se localiza en el continente americano, limita al norte con _____ _____ al sur con _____ y _____; al este con el _____, al oeste con el _____ _____ y al Sureste con el _____.

Leamos un mapa de México

Aprendizaje esperado: localizar capitales, ciudades y lugares representativos de México a partir de los puntos cardinales.

> El **título**, la **rosa de los vientos**, la **escala**, la **simbología** y las **coordenadas** son rubros o elementos básicos de un mapa que proporcionan información que ayuda a ubicar un lugar, reconocer los aspectos o temas que se representan, saber el número de veces que ha sido necesario reducir para poder representar la extensión, así como tener idea de la distancia, cercanía o lejanía de un lugar a otro.

1. **Escribe sobre las líneas el rubro y la información que proporciona cada aspecto de este mapa de México, según sea el caso.**

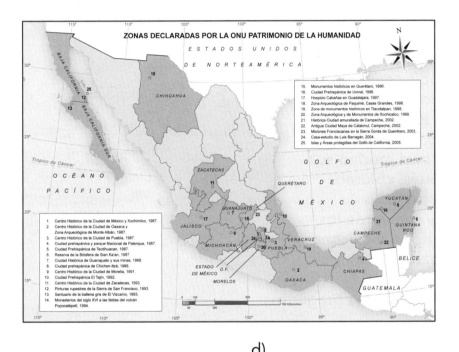

a) Título: _____

_____

_____

d) _____:

Da a conocer el número de veces que se redujo la superficie del lugar que se presenta en el mapa

b) _____:

Permite ubicar los puntos cardinales: norte, sur, este, oeste.

e) Escala gráfica: _____

_____

_____

c) Simbología:_____

_____

_____

f) _____:

Permiten ubicar con mayor exactitud un lugar conforme al paralelo (líneas horizontales) y meridiano (líneas verticales) que lo cruzan.

Fronteras y litorales de México

Aprendizaje esperado: reconocer en mapas la localización, la extensión y los límites territoriales de México.

> Las **fronteras internacionales** de un país son naturales cuando están señaladas por ríos, montañas o lagos; son artificiales cuando se coloca algún monumento, una barda o cualquier otro tipo de construcción. Cuando el territorio está delimitado por océanos o mares, entonces se habla de litorales o costas. México se localiza en el continente americano, está delimitado por litorales y por fronteras tanto naturales como artificiales en el norte y sur del territorio, el cual comprende tanto extensión continental como insular.

1. En el siguiente mapa, remarca con azul claro las fronteras naturales de México; con naranja sus fronteras artificiales; con amarillo el país con el que tiene frontera al norte; con morado los países con los que tiene frontera al sureste; con azul marino sus costas. Después, colorea de café la superficie continental y con verde las islas del territorio mexicano que se alcanzan a distinguir.

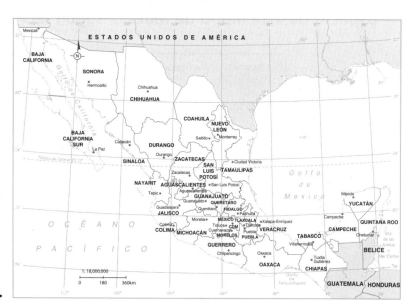

2. Contesta las siguientes preguntas.

   a) ¿Cuál es el nombre de las entidades del Norte de la República Mexicana que limitan con Estados Unidos de América?

   _____

   _____

   b) ¿Cuáles son las fronteras naturales del Norte y Sur de México?

   • Norte: _____

   • Sur: _____

   c) ¿Cuál es el nombre de las islas mexicanas de mayor tamaño que se localizan en el Océano Pacífico?

   _____

   d) ¿Qué entidades tienen como litoral del Golfo de México?

   _____

El territorio de México

Aprendizaje esperado: reconocer la extensión territorial de México y las entidades federativas que lo integran.

El **territorio mexicano** mide 1 964 375 km², se integra por una superficie continental de 1 959 248 km² y por una extensión insular conformada por 451 islas cuya superficie suma 5 127 km²; comprende también una extensión de mar territorial, subsuelo y espacio aéreo.

El territorio continental mexicano se divide en 32 entidades federativas: 31 estados y la Ciudad de México.

1. Transcribe en las líneas, el nombre de las 32 entidades federativas que integran México. Ordénalos alfabéticamente, inicia con la letra A.

1) _____   2) _____   3) _____

4) _____   5) _____   6) _____

7) _____   8) _____   9) _____

10) _____   11) _____   12) _____

13) _____   14) _____   15) _____

16) _____   17) _____   18) _____

19) _____   20) _____   21) _____

22) _____   23) _____   24) _____

25) _____   26) _____   27) _____

28) _____   29) _____   30) _____

31) _____   32) _____

2. Colorea con amarillo la entidad donde vives, y de colores distintos las entidades con las que limita. Escribe sus nombres en las líneas correspondientes.

Vivo en _____,

mi entidad limita al norte con

_____,

al sur con _____,

al este con _____

y al oeste con _____.

División política de México

Aprendizaje esperado: reconocer la extensión territorial de México y las entidades federativas que lo integran.

> México está organizado en 31 estados y la Ciudad de México. Cada estado tiene una capital y se conforma por municipios, los cuales en total suman 2457. La Ciudad de México es la capital de la República Mexicana y está organizada por alcaldías.

1. Relaciona cada entidad federativa con su capital. Únelos con líneas o coloréalos del mismo color.

San Luis Potosí · Edo. de México · Coahuila · Aguascalientes · Tlaxcala · Pachuca · Guanajuato · Xalapa · Yucatán · Oaxaca · Guadalajara · Durango · Tabasco · Cuernavaca · La Paz · Campeche · Mexicali · Culiacán · Sonora · Chiapas · Nayarit · Chihuahua · Colima · Colima · Zacatecas · Puebla · Saltillo · Toluca · Tepic · Michoacán · Tamaulipas · Chilpancingo · Guanajuato · Hermosillo · Aguascalientes · Mérida · Villahermosa · Baja California · Veracruz · Chihuahua · Querétaro · Jalisco · Sinaloa · Morelos · Chetumal · Monterrey · Querétaro · Tlaxcala · Morelia · Durango · Ciudad Victoria · Campeche · Quintana Roo · Baja California Sur · Hidalgo · San Luis Potosí · Guerrero · Zacatecas · Nuevo León · Oaxaca · Puebla · Tuxtla Guitérez

Diversidad de paisajes

Aprendizaje esperado: apreciar la diversidad de paisajes en el territorio de México.

> En el territorio mexicano, existe una gran diversidad de paisajes a partir de sus componentes naturales, sociales, culturales, económicos y políticos.

1. Relaciona los distintos paisajes con el tipo de componente que se aprecia en él.

   a) ríos

   b) población

   c) zonas turísticas

   d) vivienda

   e) frontera

   f) plantas

   g) religión

   h) industria

   i) sede del gobierno

   j) costumbres

   naturales

   sociales

   culturales

   económicos

   políticos

2. Dibuja un ejemplo de paisaje a partir de cada uno de los componentes.

Espacios rurales y urbanos en México

Aprendizaje esperado: distinguir características y relaciones entre los espacios rurales y urbanos en México.

> "De acuerdo con el INEGI, una población se considera **rural** cuando tiene menos de 2500 habitantes, mientras que la **urbana** es aquella donde viven más de 2500 personas."
>
> http://cuentame.inegi.gob.mx/poblacion/rur_urb.aspx?tema=P
>
> Las **comunidades urbanas** cuentan con más y mejores servicios públicos que en las **comunidades rurales**, pero en muchos casos carecen de zonas arboladas y sufren problemas de contaminación del aire, agua y suelo.

1. Escribe tres diferencias entre las poblaciones rurales y urbanas.

   a) _____

   b) _____

   c) _____

2. Lee los encabezados y fragmentos de las siguientes noticias. Escribe si se trata de un tema relacionado con la vida urbana o rural y explica por qué.

a)

ESPECIAL CAMBIO CLIMÁTICO: DIVERSIDAD DE IDEAS URBANAS EN MÉXICO

Las ciudades son un auténtico laboratorio experimental de la política internacional de protección del medio ambiente. Con el desarrollo constante de nuevas ideas, en el ámbito de los transportes hay resultados alentadores.

http://www.clarin.com/sociedad/medio_ambiente/
Especial-climatico-diversidad-urbanas-
Mexico_0_433156894.html

b)

EN EL PAÍS, 1.6 MILLONES DE NIÑOS DESNUTRIDOS

En México, todavía hay 1.6 millones de niños que sufren desnutrición extrema y la anemia ha bajado en la población, aunque no de manera acelerada, pese a los esfuerzos de programas sociales como Oportunidades.

http://www.eluniversal.com.mx/nacion/183935.html

_____   _____

_____   _____

_____   _____

Diversidad cultural

Aprendizaje esperado: valorar la diversidad cultural en el territorio nacional.

Diferentes grupos humanos se asentaron en el actual territorio de México desde hace años y al paso del tiempo se desarrollaron diferentes culturas. A partir del siglo XVI entramos en contacto con poblaciones procedentes de Europa, Asia y África, con las cuales se produjeron mezclas que dieron lugar al variado e interesante mosaico cultural que hoy poseemos.

Jarana yucateca

Fiesta en Tehuantepec

Jarabe tapatío

1. **Responde las siguientes cuestiones sobre nuestra diversidad cultural marcando con una X en Sí o No según consideres adecuado.**

	Sí	No
a) La diversidad cultural es un motivo de orgullo.	( )	( )
b) Es mejor la uniformidad cultural en un país.	( )	( )
c) Se debe conservar y fomentar la cultura de cada lugar.	( )	( )
d) Nuestro país se esfuerza para conservar la cultura.	( )	( )
e) Todos podemos participar en el fomento a la cultura.	( )	( )
f) Sólo algunos especialistas se ocupan de la cultura.	( )	( )
g) La diversidad cultural es patrimonio de la nación.	( )	( )

2. **Contesta las siguientes preguntas sobre la cultura de tu localidad.**

a) ¿Cuál es la fiesta principal de tu localidad? _____

b) ¿Desde cuándo se celebra? _____

c) ¿Cuál es el platillo típico de tu localidad? _____

d) ¿Cuál es el edificio o monumento más representativo de tu localidad?

_____

e) ¿Qué te gusta más del lugar donde vives? _____

La población de México

Aprendizaje esperado: analizar información acerca de la distribución y las características de la población en México.

La encuesta intercensal de población de 2015 estima que la población total al 15 de marzo de dicho año es de 119 938 473 personas, y que la población relativa es de 61.2 habitantes por km², es decir, que si estuvieran distribuidas de manera regular en el territorio, cuya superficie es de 1 959 248 km², vivirían aproximadamente 61 personas por kilómetro cuadrado.

1. Revisa los datos de la siguiente tabla. Rellena con rojo la fila correspondiente a la entidad con mayor población absoluta, y con verde la de la entidad con mayor población relativa.

Entidad	Población absoluta	Extensión en km²	Población relativa hab/km²
Aguascalientes	1 312 544	5 625	233.3
Baja California	3 315 766	71 546	46.3
Baja California Sur	712 029	73 943	9.6
Campeche	899 931	57 727	15.6
Ciudad de México	8 918 653	1 484	6010.0
Coahuila	2 954 915	151 445	19.5
Colima	711 235	5 627	126.3
Chiapas	5 217 908	73 681	70.8
Chihuahua	3 556 574	247 487	14.3
Durango	1 754 754	123 367	14.2
Guanajuato	5 853 677	30 621	191.2
Guerrero	3 533 251	63 618	55.5
Hidalgo	2 858 359	20 856	137.0
Jalisco	7 844 830	78 630	99.7
Estado de México	16 187 608	22 333	724.8
Michoacán	4 584 471	58 667	78.1
Morelos	1 903 811	4 892	389.1
Nayarit	1 181 050	27 862	42.3
Nuevo León	5 119 504	64 203	79.7
Oaxaca	3 967 889	93 343	42.5
Puebla	6 168 883	34 251	180.1
Querétaro	2 038 372	11 658	174.8
Quintana Roo	1 501 562	42 535	35.3
San Luis Potosí	2 717 820	61 165	44.4
Sinaloa	2 966 321	57 331	51.7
Sonora	2 850 330	179 516	15.8
Tabasco	2 395 272	24 747	96.8
Tamaulipas	3 441 698	80 148	42.9
Tlaxcala	1 272 847	3 997	318.4
Veracruz	8 112 505	71 856	112.9
Yucatán	2 097 175	39 671	52.8
Zacatecas	1 579 209	75 416	20.9
República Mexicana	**119 938 473**	**1 959 248**	**61.2**

2. Revisa nuevamente la tabla de la página anterior, centra tu atención en la columna: Población relativa hab/km² (densidad de población). Identifica las tres entidades con mayor y menor densidad de población. Escríbelos de mayor a menor en la tabla respectiva, registra también los datos que se indican.

a) Entidades con MAYOR densidad de población		
Entidad	**Extensión**	**Hab/km²**
1		
2		
3		

b) Entidades con MENOR densidad de población		
Entidad	**Extensión**	**Hab/km²**
1		
2		
3		

En México hay **entidades** habitadas por una gran cantidad de personas aunque su territorio sea pequeño, y también en cada entidad hay regiones más pobladas que otras. Generalmente las ciudades tienen mayor población relativa o mayor densidad de población que las comunidades rurales.

3. Compara la extensión del territorio de las 6 entidades del ejercicio 2.

a) Entidad más grande: _____

b) Entidad más pequeña: _____

4. Escribe una *V* en los enunciados que sean verdaderos, y una *F* en los falsos.

a) Querétaro es más extenso que San Luis Potosí. (   )

b) Chihuahua es el estado más extenso de la República Mexicana. (   )

c) De los 3 estados de la Península de Yucatán, el más grande es Campeche. (   )

d) De los 3 estados de la Península de Yucatán, el que tiene mayor población es Quintana Roo. (   )

e) El estado con mayor población en la Península de Baja California es Baja California Sur. (   )

f) 4 892 km² es la extension de Morelos. (   )

El relieve mexicano

Aprendizaje esperado: caracterizar las formas del relieve presentes en el territorio nacional y su distribución espacial.

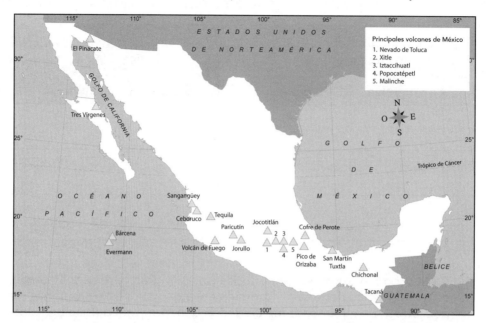

1. **Completa el enunciado con el tipo de relieve que se describe. Las opciones son: llanura, valle, meseta y montaña.**

   a) Terreno plano que no tiene ninguna elevación ni ondulación, y es extenso con pocos cambios. _____

   b) Elevaciones formadas por la acumulación de material rocoso que surge de la unión de dos placas tectónicas. _____

   c) Aparece entre dos formaciones montañosas; es un descenso o depresión del terreno entre ambas montañas. _____

   d) Se caracteriza por ser relativamente plana, pero situada a gran altura. _____

2. **Traza una línea morada sobre la Sierra Madre Occidental.**

3. **Traza una línea naranja sobre la Sierra Madre Oriental.**

4. **Traza una línea rosa sobre la Sierra Madre del Sur.**

5. **Colorea de amarillo las zonas costeras del Pacífico y del Golfo de México.**

6. **Colorea de rosa la Península de Yucatán.**

7. **Señala con puntos rojos los volcanes activos.**

8. **Explica brevemente qué es una zona sísmica:** _____

_____

La distribución del agua

Aprendizaje esperado: analizar la distribución del agua en el territorio nacional y la importancia de su cuidado.

> El agua de las lluvias y el deshielo de las altas montañas forma **corrientes de agua** que corren por el cauce de los ríos para desembocar en el mar o en los lagos.
>
> México cuenta por lo menos con 43 ríos principales que, conforme a su ubicación, desembocan en la vertiente del Pacífico, la vertiente interior que (no tiene salida al mar) o en la vertiente del Golfo o del Atlántico.

1. Remarca el contorno de los principales ríos de México.

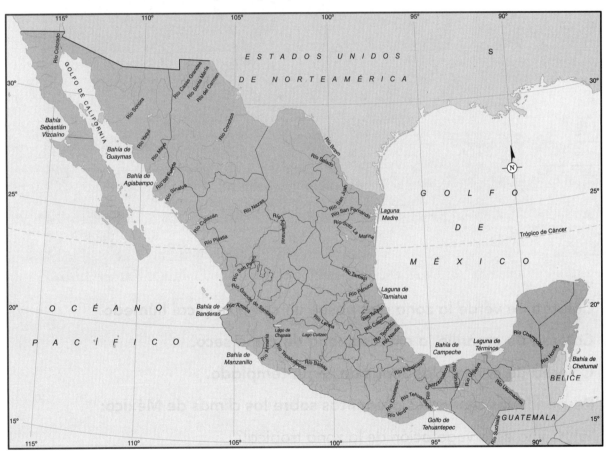

2. Escribe los nombres de los ríos que desembocan en la vertiente interior.

_____

_____

3. Localiza el río Grijalva en la vertiente del Golfo. ¿Qué entidades atraviesa?

_____

_____

Diversidad de climas en México

Aprendizaje esperado: relacionar la distribución de los climas con la diversidad de vegetación y fauna en el territorio nacional.

> A causa de su relieve, de su posición entre océanos y de la distribución de los ríos, el territorio nacional tiene una gran diversidad de climas. Éstos determinan la flora y la fauna de las diferentes regiones naturales.

1. Colorea de verde la zona que posee un clima tropical húmedo.

2. Colorea de amarillo la extensa zona de clima seco.

3. Colorea de naranja las zonas de clima templado.

4. Responde las siguientes preguntas sobre los climas de México:

   a) ¿Cómo es la vegetación de la zona tropical? _____

   _____

   b) ¿Cuáles son algunos animales típicos de la zona tropical? _____

   _____

   c) ¿Cómo es la vegetación de la zona seca? _____

   _____

   d) ¿Dónde crecen los bosques? _____

   _____

Regiones naturales de México

Aprendizaje esperado: apreciar la diversidad de regiones naturales de México.

México es un país con una gran diversidad de regiones naturales determinadas por el clima. Éstas son: selvas, bosques, pastizales, matorrales y desiertos. En cada una, habita una amplia variedad de animales y plantas.

1. Dibuja en cada cuadro algunas plantas y al menos un animal que represente a cada región natural.

2. Escribe cada una de las regiones naturales, y algún estado donde se puedan encontrar.

_____

_____

_____

_____

_____

Recursos naturales de México

Aprendizaje esperado: explicar la distribución e importancia de los recursos naturales en México.

> Un recurso natural es todo lo que se encuentra en la naturaleza y que el ser humano aprovecha para satisfacer las necesidades de alimentación, salud, vivienda, vestido o recreación, entre otras. México cuenta con una amplia variedad de recursos naturales: ríos, lagos, mares, suelo, aire, sol, petróleo, minerales, frutas, vegetales, animales y plantas medicinales.

1. Elige tres recursos naturales y escribe qué utilidad le podrías dar a cada uno.

    a) _____

    b) _____

    c) _____

2. Remarca de color verde las entidades que cuentan con litorales. Investiga y escribe qué utilidad le dan los habitantes a los recursos naturales que les ofrece el mar.

    _____

3. ¿Con qué recurso natural se producen combustibles, y de sus derivados se hacen plásticos y fibras textiles? Los principales yacimientos se encuentran en el Golfo de México.

    _____

4. Colorea de naranja tu entidad. Escribe a qué región natural pertenece. Dibuja en el recuadro vacío los recursos naturales con los que se cuenta.

    _____

Espacios económicos de México

Aprendizaje esperado: distinguir los principales espacios económicos de México y su importancia para la población.

1. **Completa el siguiente párrafo con las siguientes palabras según corresponda.**

alimentación agricultura	consumo primas	cereales frutas

La _____ y la ganadería son actividades económicas encaminadas a obtener productos de _____ que satisfacen la necesidad de _____ y la elaboración de materias _____.

Los principales productos agrícolas que se cultivan en México son los _____, leguminosas, hortalizas y _____.

2. **Relaciona la imagen con el tipo de ganado al que pertenece.**

bovino   caprino   ovino   avícola   porcino

a)   b)   c)   d)   e)

3. **Escribe una _V_ si el enunciado es verdadero, y _F_ si es falso.**

a) La pesca permite aprovechar recursos naturales para la alimentación.   ( )

b) La explotación forestal permite la elaboración de materias primas.   ( )

c) Mediante la pesca se capturan mamíferos.   ( )

d) Nuestro país no cuenta con una amplia extensión de litorales.   ( )

e) Los bosques, las selvas y los matorrales son regiones forestales.   ( )

4. **Los minerales se dividen en metálicos, no metálicos y energéticos. Estos a su vez tienen subdivisiones. Elabora un mapa mental en el que completes la clasificación de los minerales y coloca un ejemplo de cada uno.**

Participación económica de las entidades federativas

Aprendizaje esperado: distinguir la participación económica de las entidades federativas en México.

Cada entidad aporta a la economía nacional de varias maneras según sus características geográficas y recursos.

1. **Coloca un círculo rojo en todas las entidades que tienen producción minera.**

2. **Dibuja un triángulo verde a las entidades federativas que destacan por su producción agrícola y ganadera.**

3. **Señala en el mapa con un recuadro morado las entidades donde hay centros turísticos de importancia.**

4. **La Ciudad de México constituye un gran centro comercial y económico, con el que compiten las ciudades de:** _____

   _____

5. **¿Cuál es la aportación económica principal de tu entidad al país?**

   _____

   _____

Transporte, comercio y turismo

Aprendizaje esperado: reconocer la utilidad de los transportes, las comunicaciones y el turismo para la población en México.

Llevar los productos del sitio donde se producen al lugar donde se venden y consumen ha sido una preocupación de todos los pueblos a lo largo de su historia. En México, las carreteras son la principal vía de comunicación terrestre para el transporte de pasajeros y carga. En segundo lugar, los ferrocarriles, dedicados en exclusiva a mover grandes cargas, comunican los principales centros productores.

1. Menciona cuatro productos o materias primas que México exporte.

_____

2. Observa cómo en el mapa las carreteras y los ferrocarriles no tienen trazos rectos. ¿Cuál crees que sea la causa? _____

3. Los aeropuertos conectan las principales ciudades de México entre sí y con urbes de otros países. Encierra en un círculo rojo los principales aeropuertos mexicanos.

4. Los puertos mexicanos nos comunican con otros países a través del Golfo de México, el Caribe y el océano Pacífico. Localízalos en el mapa y enciérralos en un círculo verde.

5. Escribe tres lugares en México con atractivos culturales.

_____

6. Escribe tres lugares de México con atractivos naturales.

_____

La calidad de vida

Aprendizaje esperado: reconocer los factores que inciden en la calidad de vida de la población en México.

> La buena o mala **calidad de vida** de las personas tiene que ver con las características del medio natural, y con las condiciones sociales, económicas, políticas y culturales de cada localidad, pues estas influyen en el desarrollo de la familia y la sociedad. Se consideran aspectos como seguridad, alimentación, salud educacional, vivienda y salud emocional. La calidad de vida se mide con indicadores como porcentaje de población empleada, grado de estudios, esperanza de vida y características ambientales.

1. **Observa las siguientes imágenes. Encierra en un círculo aquellas que representen una mejor calidad de vida.**

a)
b)
c)
d)

e)
f)

2. **Explica cuáles características de alimentación, vivienda y ambiente te permitieron identificar que se trata de una mejor calidad de vida.**

a) Alimentación: _____

b) Vivienda: _____

c) Ambiente: _____

> La **calidad de vida** también se relaciona con las medidas que se toman para garantizar la educación de los habitantes del país, pues contribuye a desarrollar habilidades, actitudes, valores y a apropiarse de conocimientos que permiten comprender el entorno, aportar al mejoramiento de la comunidad y a tener una mejor preparación para desarrollar un empleo.

3. **¿Cuáles son las tres entidades con mayor analfabetismo, y cuáles las 3 con menor?**

a) Con mayor: _____

b) Con menor: _____

Problemas ambientales que deterioran la calidad de vida

Aprendizaje esperado: asumir su responsabilidad en la prevención y mitigación de problemas ambientales en el contexto local y nacional.

> El agua, el suelo y el aire son básicos para que los seres vivos satisfagan sus necesidades, desafortunadamente el ser humano los ha deteriorado como consecuencia de las actividades agropecuarias, industriales y de urbanización de su entorno, como consecuencia la **calidad de vida** se ha visto afectada.

1. Define qué es la contaminación.

_____

_____

2. ¿Qué medidas se podrán poner en marcha para evitar los problemas de contaminación que se muestran en las siguientes imágenes? Escribe tus sugerencias en el recuadro.

_____ _____ _____ _____

_____ _____ _____ _____

_____ _____ _____ _____

_____ _____ _____ _____

3. Menciona algún problema ambiental de tu comunidad y qué puedes hacer para tratar de resolverlo.

_____

_____

_____

_____

Áreas naturales protegidas

Aprendizaje esperado: valorar la importancia de las Áreas Naturales Protegidas para la conservación de la biodiversidad en el territorio nacional.

> Desde hace años, la humanidad ha designado áreas restringiendo el acceso y uso de la flora y fauna y otros recursos, con el objetivo de mantener las cualidades originales de estos sitios. A finales del siglo XIX, se inició la creación de áreas para la conservación de la naturaleza, conocidos como parques nacionales.

1. **Escribe en la línea el nombre del estado al que pertenecen las siguientes áreas naturales protegidas y ubícalas en el mapa.**

   a) Parque Nacional Bahía de Loreto   _____

   b) Reserva de la Biosfera El Pinacate y Gran Desierto de Altar   _____

   c) Parque Nacional Cumbres Monterrey   _____

   d) Reserva de la Biosfera Mariposa Monarca   _____

   e) Parque Nacional Iztaccihuatl-Popocatépetl   _____

   f) Reserva de la Biosfera El Triunfo   _____

   g) Reserva Biosfera Calakmul   _____

   h) Área de protección flora y fauna Cañón Santa Elena   _____

   i) Parque Nacional Tulum   _____

   j) Reserva de la Biosfera Isla de Guadalupe   _____

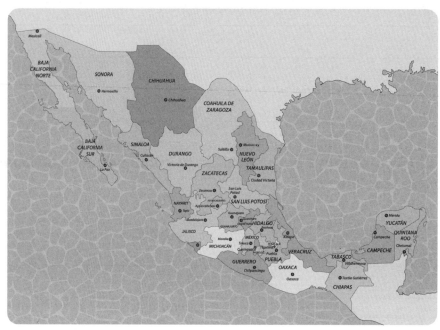

Desastres

Aprendizaje esperado: reconocer qué acciones seguir ante diferentes tipos de riesgos locales y nacionales.

> Los terremotos, tormentas, erupciones volcánicas, heladas y sequías son algunos ejemplos de fenómenos naturales que cuando suceden en lugares habitados por el ser humano llegan a desencadenar graves desastres que alteran violentamente el funcionamiento regular de la vida en sociedad al provocar daños a viviendas, bienes materiales, salud, integridad física y a la vida misma. Existen los riesgos naturales y los originados por errores o descuidos humanos, como los incendios.

1. Busca en la sopa de letras ocho fenómenos naturales.

N	P	D	D	W	N	S	W	K	N
A	D	U	T	T	H	E	C	H	H
C	F	E	P	D	W	Q	A	I	E
A	S	R	S	M	C	U	G	S	L
R	I	T	K	L	U	Í	U	H	A
U	S	U	H	S	A	A	F	B	D
H	M	H	C	I	F	V	J	G	A
F	O	D	I	F	Z	D	E	F	W
E	X	P	L	O	S	I	O	N	R
I	N	C	E	N	D	I	O	M	J

2. Menciona cinco fenómenos naturales que hayan sucedido en México. Escribe si estos riesgos fueron locales o nacionales.

a) _____

b) _____

c) _____

d) _____

e) _____

3. ¿Te ha tocado vivir algún desastre natural? ¿Cuál?

_____

_____

_____

Situaciones geográficas relevantes

Aprendizaje esperado: comprender y explicar información acerca de casos o situaciones geográficas relevantes.

> Existen situaciones geográficas particulares en todas partes que provocan determinados problemas en distintos lugares, por ejemplo, la ubicación de México lo hace especialmente vulnerable a los temblores.

1. **Completa el crucigrama con las palabras que faltan en los siguientes enunciados.**

   1) La Ciudad de México fue construida sobre un _____, lo que la hace más susceptible.

   2) HORIZONTAL. Los frecuentes sismos en México se deben a su posición en una gran red de _____ tectónicas.

   2) VERTICAL. Un terremoto es la liberación de _____ acumulada entre las placas.

   3) Otros países vulnerables a temblores son: _____, Turquía, Nepal, Indonesia, Pakistán, Filipinas, India y El Salvador.

   4) Los terremotos ocurren a lo largo de _____ o fallas en la superficie terrestre.

   5) El _____ es el punto en la superficie de la tierra donde se origina el terremoto.

2. **¿Qué medidas conoces que debes tomar en caso de sismo?**

   _____

   _____

   _____

Repaso

1. ¿Cuáles son las fronteras de la República Mexicana en cada uno de los puntos cardinales?

_____

_____

2. Escribe con diferentes colores el nombre de las entidades federativas y sus capitales. Después, coloréalos en el mapa según corresponda.

3. Describe una población rural y una urbana.

a) rural: _____

b) urbana: _____

4. Completa los siguientes datos.

a) Entidad federativa más extensa: _____

b) Entidad federativa menos extensa: _____

c) De acuerdo con la encuesta intercensal 2015, estado más poblado: _____

d) De acuerdo con la encuesta intercensal 2015, estado menos poblado: _____

e) Nombres de tres sierras de nuestro país. _____

_____

f) Nombres de cinco ríos importantes en México. _____

_____

5. Encierra en un círculo la respuesta correcta.

a) En Baja California predomina el clima:

- seco
- templado
- tropical

b) En Chiapas predomina el clima:

- seco
- templado
- tropical

c) Las cimas de los volcanes tienen un clima:

- templado
- tropical
- frío

6. Escribe un estado donde existan los siguientes recursos económicos.

a) Producción minera: _____

b) Producción agrícola y ganadera: _____

c) Turismo: _____

d) Pesca: _____

7. Menciona tres formas de tener calidad de vida.

_____

8. Describe dos problemas ambientales que deterioran la calidad de vida y propón formas de solucionarlos.

a) _____

b) _____

Qué características tengo en común con mis compañeros

Aprendizaje esperado: identificar sus características y capacidades personales (físicas, emocionales y cognitivas), así como las que comparte con otras personas y grupos de pertenencia.

1. Lee el siguiente cuadro y responde *sí* o *no*. Compara tus respuestas con las de un compañero.

Características y gustos	Sí	No
Soy bueno para jugar futbol.		
Soy bueno para las matemáticas.		
Sé tocar algún instrumento musical.		
Me gusta cantar.		
Me gusta bailar.		
Me gusta jugar videojuegos.		
Me gusta leer.		
Tengo buena ortografía.		
Soy rápido corriendo.		
Me gusta estar solo.		
Me gusta ir a museos.		
Soy bueno para dibujar.		

2. ¿Tuvieron todas las respuestas iguales? _____

3. Escribe un gusto o habilidad que tuvieron en común.

_____

_____

4. ¿Qué habilidad que tuvo tu compañero te gustaría tener?

_____

_____

5. ¿Qué puedes hacer para adquirirla?

_____

_____

Todos tenemos habilidades y aspectos que podemos mejorar.

Me gusta que me traten con respeto y por eso soy respetuoso

Aprendizaje esperado: identificar que es una persona con dignidad y derechos humanos y que por ello merece un trato respetuoso.

1. **¿Qué necesitan estas personas? Escríbelo debajo de cada imagen.**

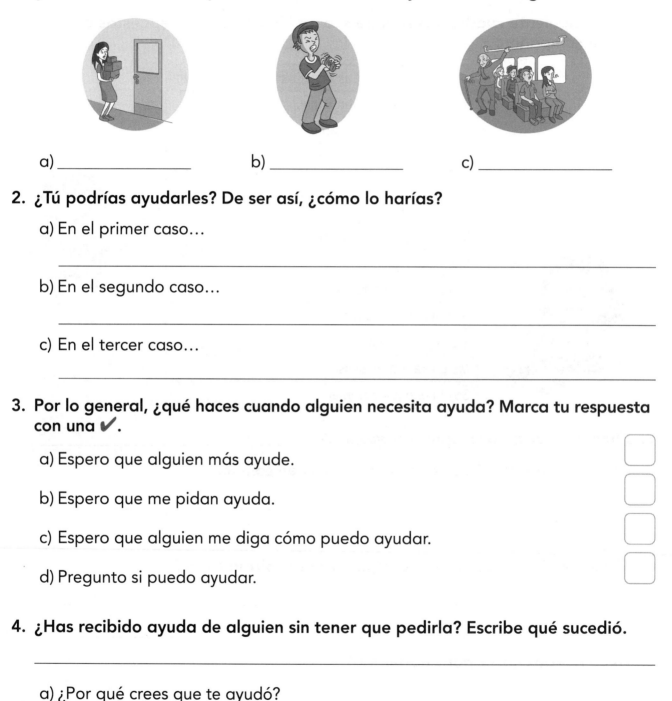

a) _____   b) _____   c) _____

2. **¿Tú podrías ayudarles? De ser así, ¿cómo lo harías?**

   a) En el primer caso…

   _____

   b) En el segundo caso…

   _____

   c) En el tercer caso…

   _____

3. **Por lo general, ¿qué haces cuando alguien necesita ayuda? Marca tu respuesta con una ✔.**

   a) Espero que alguien más ayude.

   b) Espero que me pidan ayuda.

   c) Espero que alguien me diga cómo puedo ayudar.

   d) Pregunto si puedo ayudar.

4. **¿Has recibido ayuda de alguien sin tener que pedirla? Escribe qué sucedió.**

   _____

   a) ¿Por qué crees que te ayudó?

   _____

   b) ¿Le diste algo a esa persona por haberte ayudado?

   _____

5. Une con líneas cada situación con su correspondiente forma de ayudar.

1) Mamá se siente mal.

a) Comiste en casa de los abuelos.

2) Le ayudo a engrapar las bolsas para que termine antes.

b) Le preparo un té y le llevo su medicina.

d) Tu hermana tiene que preparar 500 bolsas de dulces para una fiesta.

3) Ayudo a llevar los platos a la cocina.

c) Recojo la basura, aunque yo no la haya tirado, y la llevo al bote más cercano.

4) El parque cercano a tu casa tiene mucha basura.

Trata a los demás como te gustaría ser tratado.

Aprendo a utilizar mi libertad

Aprendizaje esperado: identificar que es una persona con capacidad para tomar decisiones y hacer elecciones libres como parte de su desarrollo personal.

1. **¿Crees que hacer lo que quieres es tener libertad?**

   _____

   _____

2. **Llevemos a cabo una prueba interesante. Pon mucha atención a las indicaciones siguientes.**

   a) Si quieres, escribe lo que te gusta hacer durante el recreo; si no quieres, deja el espacio en blanco.

   _____

   _____

   b) Si quieres, responde lo siguiente, si no, deja el espacio en blanco: ¿Qué es lo que más disfrutas hacer cuando tienes un rato libre?

   _____

   _____

3. **¿Realizaste las actividades anteriores?** _____

4. **Marca con una ✗ aquellas acciones donde al ejercer tu libertad te puedes perjudicar a ti o a otros.**

   a) Ver una película en lugar de ver la televisión.

   b) Ver una película en lugar de hacer mi tarea.

   c) Jugar futbol en lugar de ayudar a mis compañeros
   a hacer un trabajo en equipo.

   d) Jugar futbol en lugar de jugar básquetbol.

   e) Ponerme mi playera favorita para ir a pasear.

   f) Ponerme mi playera favorita en lugar de llevar el uniforme.

La libertad como valor y derecho humano fundamental

Las decisiones tienen consecuencias

Aprendizaje esperado: reflexionar sobre sus actos y decisiones para identificar las consecuencias que pueden tener en su vida y la de otros.

1. Lee el siguiente párrafo y responde las preguntas.

> Esteban le prestó a Jorge su cuaderno de matemáticas para que pasara los apuntes del día que faltó a la escuela porque se enfermó de gripe. Pero Jorge lo perdió y no sabe qué hacer.

a) ¿Qué podría pasar si Jorge le dice una mentira a su amigo?

_____

_____

_____

_____

_____

b) ¿Cómo se sentiría Jorge?

_____

_____

_____

c) ¿Qué sucedería si Jorge le dice la verdad a su amigo?

_____

_____

_____

_____

d) ¿Cómo se sentiría Jorge?

_____

_____

_____

2. **Los vecinos del edificio se pusieron de acuerdo para festejar los quince años de Rosa Elvira, todos se comprometieron con algo. Ve coloreando lo que cada uno llevó.**

Los López se comprometieron a llevar unos guisados y los llevaron en 5 cacerolas. La señora García del 504 se comprometió a llevar los vasos y los refrescos. Los Gómez y los Martínez se comprometieron a llevar los tablones y los manteles. Todos los niños del edificio se comprometieron a inflar los globos y ponerlos por todos lados. Los chavos que viven en el 405 y 502 se comprometieron a llevar las 4 bocinas.

| Ejercicio responsable de la libertad

3. ¿Quedó todo coloreado? _____

4. **Observa por qué no quedó todo coloreado.**

   a) Los Ramírez se comprometieron a llevar 5 cacerolas de guisado, pero no tuvieron tiempo.

   b) Los del 302 y 304 junto con los del 202 se comprometieron a llevar el pastel, pero se les olvidó encargárselo a doña Chela.

   c) La familia de Lulú se comprometió a prestar la grabadora, pero la tenían en casa de su abuelita y les dio flojera ir a recogerla.

   d) La familia González se comprometió a llevar las servilletas y no lo recordaron.

   e) Marco del 104 se comprometió a llevar las extensiones y cuando fue la fiesta, se fue con unos amigos y se le olvidó.

5. **¿Qué otras cosas quedaron sin colorear?** _____

¡UPS!

AUNQUE ESTÉ CHIQUITO, PARA QUE ROSA ELVIRA NO SE QUEDE SIN APAGAR LAS VELAS.

6. **¿Qué pasa cuando nos comprometemos con algo y no lo cumplimos?**

_____

_____

_____

_____

> Si decides comprometerte a algo debes cumplirlo, ya que si no lo haces puedes afectar a otras personas y dejarán de confiar en ti.

Nuestro país está lleno de cultura y tradición

Aprendizaje esperado: identificar que es parte de un país constituido por distintos colectivos sociales y pueblos originarios que le dan identidad colectiva y le enriquecen.

1. Observa las siguientes familias y escribe debajo de cada una de dónde crees que son. Coloréalas.

a)

_____

_____

_____

c)

_____

_____

_____

b)

_____

_____

_____

d)

_____

_____

_____

Así como hay diferencias en la forma de vestir, también lo hay en la comida, en las fiestas, en las costumbres, en la forma de hablar, en sus **tradiciones y costumbres**, así como en sus **símbolos** representativos.

2. ¿Te diste cuenta de que las formas de vestir son diferentes? _____

3. Tenemos diversidad también en construcciones, zonas arqueológicas y símbolos representativos de cada ciudad. Las siguientes son unos ejemplos, descubre de dónde son acomodando las letras.

a) ajníT

_____

b) cnaaueoTthi

_____

c) rbÁlo led elTu

d) aaloicP ed saBlle setAr

_____

e) mlaxU

_____

f) reroC ed al allsi

_____

g) saaC ed al rregiCorado

_____

Equidad

Aprendizaje esperado. Comprende que mujeres y hombres tienen iguales derechos y que la discriminación afecta la dignidad de las personas.

1. Lee el siguiente texto y contesta.

QUIERO SER BOMBERO

El maestro Luis les preguntó a sus alumnos qué les gustaría ser cuando fueran grandes.

Entusiasmados empezaron a contestar:

—Yo quiero ser policía—contestó Sergio.

—A mí me gustaría ser maestra— dijo Claudia.

—Yo quiero ser bombero— respondió Pilar.

Se escucharon algunas risas

—Sólo los hombres pueden ser bomberos, las mujeres no— dijo Rafael.

Pilar se puso de pie y contestó:

—¡Claro que no! las mujeres pueden ser bomberos o lo que ellas quieran.

El maestro Luis les preguntó a sus alumnos su opinión y cada uno empezó a dar la suya.

a) ¿A ti qué te gustaría ser cuando seas grande?

_____

_____

b) ¿Crees que una mujer puede ser bombero? _____ ¿Por qué? _____

_____

_____

_____

c) ¿Crees que un hombre puede ser enfermero? _____ ¿Por qué? _____

_____

_____

_____

Antes, las mujeres y los hombres no tenían los mismos derechos, por ejemplo, las mujeres no podían votar. Eso ya ha cambiado y actualmente las mujeres y los hombres gozan de las mismas oportunidades para estudiar y trabajar. A eso se le conoce como **equidad de género**.

2. **Colorea aquellas frases que indican equidad de género.**

a)
> Los hombres y las mujeres deben limpiar su casa.

d)
> Las mujeres pueden trabajar como policías.

b)
> Las mujeres no deben trabajar.

e)
> Sólo los hombres pueden ser jefes.

c)
> Los hombres y las mujeres deben ganar lo mismo si hacen el mismo trabajo.

3. **Une las dos columnas para completar las frases correctamente.**

a) Cuando hombres y mujeres pueden realizar las mismas actividades hay…

b) Antiguamente las mujeres no podían…

c) Actualmente tanto hombres como mujeres…

d) Hace muchos años, los hombres no ayudaban…

- pueden trabajar fuera del hogar.
- equidad de género.
- en las tareas del hogar.
- votar.

Analicemos conflictos

Aprendizaje esperado: identificar las características de la cultura de paz en contraposición a la cultura de violencia.

> Es importante **analizar la situación** y **dialogar** antes de generar un conflicto grande. Es normal que sintamos enojo, pero debemos saber manejarlo.

1. Observa el análisis del siguiente caso.

Caso: Una señora a la hora de sacar su carro, raya el carro de la vecina, la cual se molesta muchísimo.

Este conflicto se generó por: La vecina dejó su carro mal estacionado y con poco espacio para salir.

La solución es: Que las dos señoras dialoguen y lleguen a un acuerdo, ya que ambas tuvieron responsabilidad en esto. Una por dejar mal estacionado su carro y la otra por no pedir que lo moviera.

2. Ahora analiza el siguiente caso.

a) Caso: Dos hermanos van a ver la tele, pero cada uno quiere ver un programa distinto. Pepe quiere ver la final del futbol y Toño quiere ver caricaturas.

b) Este conflicto se generó por: _____

_____

_____

c) La solución es: _____

_____

_____

Reconocimiento de emociones

Aprendizaje esperado: reconocer sus emociones ante situaciones de conflicto y las expresa sin ofender o lastimar a otros.

1. **Escribe en el recuadro de abajo un momento o situación que te haga sentir bien. Después:**

   a) ¿Qué tan intensa es esa sensación? Colorea la silueta del sol hasta el nivel adecuado.

   b) Escribe junto a cada nivel un adjetivo que exprese esa sensación. Sigue el ejemplo.

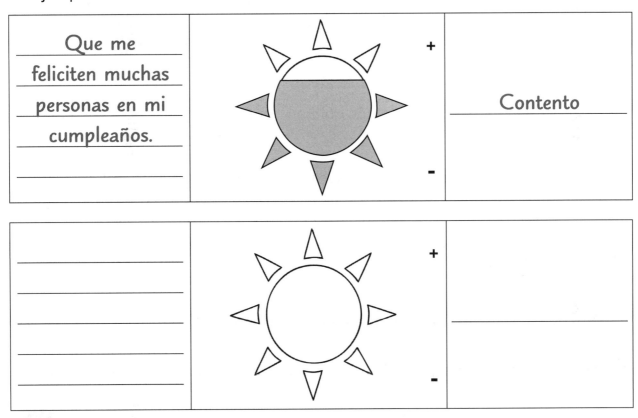

Que me feliciten muchas personas en mi cumpleaños.	+	Contento
	-	

	+	
	-	

2. **Escribe ahora un momento o situación que te haga sentir mal y completa los datos.**

	+	
	-	

Evitemos un conflicto

Aprendizaje esperado: identificar el conflicto como parte inherente a las relaciones humanas y como oportunidad para mejorar las relaciones interpersonales y sociales.

> Si **cedes**, vas aprender muchas cosas y te divertirás mucho.

1. **De los siguientes consejos, ¿cuáles crees que te pueden ayudar para evitar conflictos? Subráyalos.**

a) Si hay un problema porque no se ponen de acuerdo para jugar, lo importante es que cada uno diga sus puntos de vista, es decir, las ventajas de jugar lo que proponen.

b) Echar un volado para ver qué se juega hoy y qué mañana.

c) Ceder y jugar lo que los demás quieren pero pedirles que ellos también cedan en otro momento.

d) Cuando estoy en familia y no quiero hacer en ese momento mis deberes, puedo dialogarlo y negociar, es decir, proponer hacerlo en otro momento a cambio de otra cosa que me pidan.

e) Cuando tengo un problema con un compañero de la escuela, lo mejor es platicarlo con un adulto de mi confianza y pedirle que me aconseje.

f) Si quiero que me respeten, también debo respetar.

2. **Elige uno de los consejos anteriores y elabora un dibujo para ilustrarlo.**

Mi derecho a ser protegido

Aprendizaje esperado: relacionar la igualdad en derechos con la satisfacción de las necesidades básicas.

1. **Por el solo hecho de ser menores de edad, todos los niños, absolutamente todos, tienen derecho a ser protegidos contra el maltrato, el abuso y la explotación. ¿Qué significa esto? Marca con una X las oraciones que expresan una verdad:**

    a) Nadie debe pegarme o golpearme.   (   )

    b) Nadie debe insultarme ni gritarme.   (   )

    c) Nadie puede regañarme si hago algo mal.   (   )

    d) Nadie puede corregirme si cometo un error.   (   )

    e) Nadie debe ponerme a trabajar para ganar dinero.   (   )

    f) Nadie puede ponerme a ayudar en casa.   (   )

    g) Nadie debe obligarme a hacer cosas indebidas o vergonzosas.   (   )

    h) Nadie debe obligarme a pedir dinero en la calle.   (   )

    i) Nadie puede poner límites a mi conducta.   (   )

> Cuando decimos "nadie", quiere decir que ni tus familiares, amigos o compañeros pueden maltratarte, abusar de ti o explotarte. Si algo te ocurre, existen instituciones públicas para ayudarte y protegerte, esto es, para hacer efectivo tu derecho a vivir seguro y protegido.

2. **¿Cuáles son las instituciones públicas que están para servirte? Marca con una ✔ las que se dedican a salvaguardar tus derechos:**

    a) Sistema Nacional para el Desarrollo Integral de la Familia   (   )

    b) Fiscalía General de la República   (   )

    c) Comisión Nacional de Derechos Humanos   (   )

    d) Secretaría de Salud   (   )

Tenemos reglas que debemos cumplir

Aprendizaje esperado: comprender el sentido de las normas de convivencia para proteger los derechos, ejercerlos y gozarlos.

1. **Observa con atención cada uno de los siguientes dibujos. Lee las frases de la siguiente página y cuando descubras a qué dibujo se refiere, coloréalo.**

Todas nuestras **acciones** tienen **consecuencias**, si actúas respetando las normas y reglas que debes cumplir, no tendrás consecuencias negativas.

2. De acuerdo con el cuadro de la página anterior, escribe el número en el recuadro que corresponda a cada frase.

a) Un ejemplo de que no se cumple la ley es robar y esto es un delito que merece… ☐

b) Después de cumplir con la sanción de la expulsión temporal, pueden reincorporarse a la… ☐

c) Estacionarse en la entrada de un edificio impidiendo la entrada y salida de los carros, es un incumplimiento a una norma, esto amerita ser removido con… ☐

d) El artículo 11 de nuestra Constitución dice que tenemos libertad de transitar por el país, pero si vas a exceso de velocidad cometes una infracción que va en contra de las normas establecidas y se castiga con una… ☐

e) Un hombre que estuvo preso y cumplió su condena puede … ya que no pierde sus derechos políticos. ☐

f) Un pleito entre dos alumnos puede ser causa de … o de expulsión temporal de la escuela. ☐

g) Después de haber cumplido su condena y puesto en libertad, un hombre puede tener un… digno ya que es un derecho con el que contamos todos. ☐

h) Si me expulsaron de la escuela, debo cumplir con la sanción, pero no pierdo mis derechos a la salud, a no ser discriminado, a la educación y a una buena… ☐

Función de las autoridades

Aprendizaje esperado: identificar la función de las autoridades en su entidad y su contribución al bien común.

> Cada una de las autoridades que nos rigen tiene una **función** que debe cumplir para el bien común.

1. Observa el dibujo y subraya la respuesta correcta:

a) La escuela quiere solicitar un tope, ¿a quién debe acudir?:

- a los padres de familia.
- al Senado de la República.
- a la alcaldía.

b) El DIF a nivel nacional se enfoca en desarrollar el bienestar de:

- los deportistas.
- las familias.
- los animales.

c) La policía es una fuerza de seguridad encargada de:

- proteger a la comunidad.
- apagar incendios.
- cuidar los bosques.

d) Convoca a reuniones para tomar acuerdos en el edificio:

- el jefe de gobierno.
- el vecino más simpático.
- el administrador del edificio.

En México tenemos una constitución que debemos cumplir

Aprendizaje esperado: identificar a México como una república democrática, representativa y federal.

En la **Constitución**, están las leyes que nos marcan lo que debemos o no hacer, pero también nos dice cuáles son nuestros derechos.

1. Colorea el cuadro de color rojo si la frase o dibujo es verdadero y de azul si es falso.

a)

"Todos tenemos derechos"

b) La Constitución política de los Estados Unidos Mexicanos se realizó en España y la mandaron a nuestro país para que la cumplamos.

c) Todos los niños tenemos derecho a la educación.

d) En la Constitución, hay leyes que protegen los derechos humanos.

e)

Los niños tienes que trabajar

f) Tengo derecho a votar si ya tengo 18 años.

g) Hasta que cumpla 18 años voy a tener derechos y obligaciones.

h) Sólo las personas que trabajan tienen derechos.

Democracia y participación ciudadana

La democracia como forma de organización social y política: principios, mecanismos, procedimientos e instituciones | **279**

Ayudemos todos

Aprendizaje esperado: identificar necesidades colectivas en su salón de clases o en su grupo, y participa para resolverlas.

> El domingo, llovió con gran intensidad y, cuando los alumnos de cuarto de la escuela Benito Juárez llegaron a clases, se encontraron con una mala noticia: su salón se había inundado, y se organizaron para ayudar.

1. **Coloca una ✔ a las acciones que indican ayuda para solucionar la situación.**

   a) Sacar el agua ☐

   b) Jugar con el agua ☐

   c) Trapear el salón ☐

   d) Sacar bancas y libros del salón ☐

   e) Regresarte a tu casa ☐

   f) Poner los libros a secar ☐

2. **¿Por qué es importante que todos cooperen cuando hay un problema?**

   _____

   _____

   _____

   _____

   _____

3. **Imagina que van a organizar un paseo y necesitan reunir dinero entre todos para poder ir. ¿Cómo podrían lograrlo?**

   _____

   _____

   _____

   _____

   _____

4. **Compara tus respuestas con las de un compañero y elijan la que crean mejor.**

Participación ciudadana en las dimensiones políticas, civil y social, y sus implicaciones en la práctica

Respuestas de sección: **Español**

Pág.	Ejer.	Respuestas
9	1	**a)** Descriptivos: Decirnos cómo son las personas, cosas, animales o lugares. Informativos: Explicar de forma objetiva hechos o sucesos. **b)** Narrativos: Qué pasa. Argumentativos: Qué pienso. Expositivos: Por qué es así. **c)** Descriptivos: Abundancia de adjetivos. Expositivos: Objetivo y claro. Informativos: Directo y preciso. **d)** Narrativos: Cuentos, novelas. Argumentativos: Artículos, críticas. Expositivos: Libros y folletos.
	2	**a)** Texto expositivo **b)** Texto descriptivo **c)** Texto argumentativo **d)** Texto narrativo
10	1	**a)** historia **b)** personajes **c)** opinión **d)** final **e)** ilustraciones
	2	Respuesta libre
11	1	organización, salió, sentí, éxito, papá, periódico
	2	**a)** No **b)** Prosódico **c)** Ortográfico
	3	**agudas:** organización, salió, sentí, papá, mural. **graves:** aventuras, cantaron, guitarra, sorpresa, ceremonia, escuela, abanderada, mexicana, programa, alimentos. **esdrújulas:** periódico, éxito.
12	1	**a) c) d) e)**
	2	**a)** Título **b)** Introducción **c)** Desarrollo **d)** Conclusiones
13	1	**a)** El título porque es el tema central para distinguirlo rápidamente. (Respuesta modelo) **b)** Tohuí, mamífero, omnívoro, caracteriza, blanca, negro, bambú, China, no hiberna, extinción, conciencia, recursos naturales. **c)** Para llamar la atención en puntos importantes. (Respuesta modelo)
	2	**a)** Respuesta libre que incluya dar información visual resumida. **b)** Está en peligro de extinción. **c)** Respuesta libre.

Pág.	Ejer.	Respuestas
14	1	**a)** Nota enciclopédica **b)** Libro monográfico
	3	Respuestas libres
15	2	Respuesta libre
17	2	**a)** El de los tzotziles. **b)** El de los otomíes tiene 227 080. Los tzotziles son 22 392.
	3	
	4	**a)** "Cierre" del texto… **b)** Indica al lector… **c)** Listar los materiales… **d)** Palabra o frase… **e)** Conjunto de párrafos…
18	1	es muy distinto, mientras que, a diferencia de
	2	Respuesta libre
	3	Respuesta libre
19	4	**a)** Sí hay coherencia. Las ideas se relacionan porque se comparan las actividades de dos grupos indígenas. **b)** No hay coherencia. El trabajo del campo no implica que la vida sea dura.
	5	**b)**
20	1	**a)** Cada comunidad… **b)** De entre las artesanías…
21	1	**a)** Desarrollo **b)** Introducción **c)** Conclusión
	2	**a)**
	3	La producción de muebles de madera ha cambiado mucho en la región de los Altos de Chiapas. Hace algunos años, sólo producían sillas, mesas, pequeños bancos y camas frágiles. Ahora, realizan muebles más elaborados como libreros, comedores, muebles para tele y muchas cosas más.
22	1	**a)** Michoacán **b)** lengua **c)** agricultura **d)** hombre
	2	Respuesta libre

Pág.	Ejer.	Respuestas
23	1	**a)** exceso **b)** excepto **c)** excedente **d)** excelente **e)** excéntrico
	2	**a)** excesivo excesivamente **b)** exceptuar excepción **c)** excelencia excelentísimo
	3	exceder-excedente, excelente-excelencia, excitación-excitable, excéntrico-excentricidad, excepto-excepción
24	1	Respuesta libre
	2	**a)** ¿Cuánto dura la temporada de vacunación? **b)** Queda igual. **c)** ¿Qué vacuna es la más importante? **d)** ¿Quién inventó las vacunas?
25	2	Respuesta libre
26	1	Respuesta libre
	2	**b)**
27	1	**a)** Cita textual **b)** Paráfrasis
	2	Respuesta libre
28	1	**a)** 3 **b)** 1 **c)** 2 **d)** 4
	2	Respuesta libre
	3	Respuesta libre
29	1	**a)** IR, NR, IR **b)** IR, IR, NR
	2	Respuesta libre
30	1	**a)** Cualidad del entrevistado **b)** Cualidad de la entrevista **c)** Cualidad del entrevistador **d)** Cualidad de las preguntas
	2	**c)**
31	1	Respuesta libre
32	1	**a)** discurso directo **b)** discurso indirecto **c)** discurso indirecto
	2	Respuesta libre

Pág.	Ejer.	Respuestas
33	1	**a)** cierre **b)** introducción **c)** cuerpo
	2	
34	1	**a)** recta **b)** grande **c)** cafés **d)** amplia **e)** clara **f)** castaño
	2	**a)** Benito Juárez **b)** Ignacio Allende **c)** Frida Kahlo
35	1	Dibujo libre
	2	Respuesta libre
36	2	**a)** Nauseabundo: que huele muy mal **b)** Abunda: que hay muchos
	3	**a)** nauseabundo **b)** furibundo **c)** meditabundo
37	4	**b)** vagabunda, vagabundo **c)** tremebundo, tremebunda **d)** meditabundo, meditabunda **e)** errabundo, errabunda
	6	**a)** furibundo **b)** errabundo/vagabundo **c)** vagabundo **d)** meditabundo
	7	Respuesta libre
38	1	**a)** descriptivos **b)** expositivos **c)** narrativos **d)** argumentativos
	2	**a)** 3 **b)** 1 **c)** 4 **d)** 2
	3	**b)**
	4	**c)** **d)**
39	5	**a)** 4 **b)** 2 **c)** 5 **d)** 3 **e)** 1
	6	excedente, nauseabunda, bailó, pánico
	7	**a)** copias tal cual la fuente. **b)** dar sentido al texto. **c)** pertinencia.
	8	Respuesta libre
	9	Respuesta libre

Pág.	Ejer.	Respuestas
41	2	a) El nacimiento del sol y la luna. b) No porque alguien sea diferente a nosotros debemos rechazarlo. c) Francisco Hinojosa. d) El hombre fuerte y grande, el hombre pequeño y pobre y los poderosos. e) Respuesta libre.
42	1	a) Un niño b) Con un telescopio Subrayar: con un telescopio, mi mamá me llamó a cenar
42	2	a) Sí, un doctor, lo dice el título. b) No, el texto no lo dice. c) Sí, blanco.
43	1	Sentimientos: sentir, doler, avergonzar, querer. Opiniones: creer, pensar, opinar, acordar.
43	2	a) opinión b) sentimiento b) opinión
43	3	Rojo: me daba mucha vergüenza, sentía que todos se volvían a mirarme, me dio tanto gusto, me fui acostumbrando. Azul: Luego luego se nota que ese niño es un principiante.
44	1	a) tres niños, barrio, amigos que comparten la afición de cazar bichos, sencillo. b) un niño y un viejito, barrio y ciudad, un niño que descubre a un viejito haciendo pócimas, sencillo. c) un niño, barrio y ciudad, un niño que empieza a vender periódicos en la calle, sencillo. d) un maya y un azteca, ciudad, dos hombres de diferente tribu que no se ponen de acuerdo, sencillo.
44	2	a) dos hombres y los poderosos, ciudad, los poderosos querían crear al sol, sencillo. b) El azteca murió. c) Se me quitó la vergüenza. d) El joven se arrojó a la hoguera y se convirtió en Sol.
45	1	a) — c) Respuesta libre acorde con el cuento
46	2	Pretérito simple: salió, gritó, bajó, vio, dijo. Pretérito imperfecto: levantaba, vivía.
46	3	Respuesta libre

Pág.	Ejer.	Respuestas
47	2	Respuesta libre
47	3	Respuesta libre
48	2	b) efecto / causa c) causa / efecto
49	2	Jesús, Jimena, jabón, jalador, jerga, jefe, joven, jalisciense, jornada
49	3	a) limpieza b) limpieza c) frutas d) verduras e) lácteos f) bebidas g) salchichonería
49	4	Con J
50	1	a) 4 b) 2 c) 6 d) 1 e) 3 f) 5
51	3	a) Está escrita en tercera persona, en orden cronológico, brinda datos más importantes. b) Fecha y lugar de nacimiento, profesión y obras. c) Ilustración del personaje, datos sobre su familia o niñez.
51	4	Respuesta libre
52	1	b) Con un ojo al gato y otro al garabato. / 5 c) Matar dos pájaros de un tiro. / 6 d) Colmar de piedritas el buche. / 2 e) Más pronto cae un hablador que un cojo. / 7 f) Nadie sabe para quién trabaja. / 1
53	1	a) J b) J c) M d) M e) R f) R g) M h) J i) J
54	1	Subrayar: fea, rica, bello, temprano, lujosamente, iluminada, tonta, elegante, joven, perdidamente, sabiamente
54	2	Respuesta libre
55	2	Todas se escriben con v
55	3	v; advenedizo, subvalor
55	5	a) adviento b) adversario c) adversidad
56	3	Respuesta libre
57	4	Respuesta libre
57	5	Para dejarnos en suspenso.
57	6	c)
57	7	Respuesta libre
57	8	Respuesta libre

Pág.	Ejer.	Respuestas
58	1	**a)** violante, delante, consonante espante. / *aprieto, soneto, cuarteto, terceto.* / **entrando, acabando, dando**. / <u>derecho, sospecho, hecho.</u>
59	1	**a)** Adjetivación **b)** Símil **c)** Hipérbole **d)** Metáfora
60	1	Respuesta libre
60	2	Respuesta libre
61	1	Respuesta libre
62	2	Respuesta libre
63	3	Respuesta libre
63	4	Respuesta libre
64	1	**1)** invitado **2)** acontecimiento **3)** fecha **4)** quién invita **5)** hora **6)** lugar
64	2	Respuesta libre
65	2	relajo, ajo, tasajo, raja, manojo, enojo, arrojo, rojo, cerrojo
65	3	Todas tienen jota y terminan en ojo y aja.
65	4	jo, j
66	2	**a)** La arena **b)** La tela **c)** La calle
67	1	**a)** Empieza con la misma letra. **b)** Las palabras se parecen. **c)** Las palabras se repiten. **d)** Usan las mismas palabras pero en otro orden.
68	2	Ejemplo: pela papa, Pepe Peña, pica piña, pica piña, Pepe Peña, pela papa
68	3	Las palabras se repiten en órdenes distintos y todas las palabras comienzan con la letra P.
68	4	Ejemplo: renta ruedas Roza Rosas, rebujos raros y ramas rocas
68	5	Respuesta libre
69	1	**a)** Juego fonético **b)** Doble sentido **c)** Sentido figurado **d)** Juego fonético
69	2	Respuesta libre

Pág.	Ejer.	Respuestas
70	2	**a)** manzana
70	3	**a) c)**
70	4	nada, nada / traje, traje
70	5	**a)** ¿no nada? **b)** traje **c)** no traje **d)** nada
71	1	signos de interrogación / expresar sorpresa, alegría, órdenes o enojo
71	2	
71	3	**a)** azul **b)** rosa
71	4	plátano: signos de interrogación sandía: signos de admiración
72	1	**1)** fábula **2)** leyenda **3)** cuento **4)** chistes **5)** trabalenguas **6)** invitación **7)** poemas **8)** biografía
72	2	**a) d) e)**
72	3	**a)** 5 **b)** 1 **c)** 4 **d)** 2 **e)** 3
72	4	**a)** Declamar, público **b)** Recitar, público
73	5	**a) c) f) h) i) j) l)**
73	6	**b)** A caballo regalado… **c)** Haz el bien… **d)** Ni tanto que queme al santo… **e)** El que con lobos anda… **f)** De tal palo…
73	7	**a)** (—) (¿) (?) (—) (—), **b)** (¿) (?) (—) (¡) (!), **c)** (¿) (?) (—) (¡) (!)
73	8	Respuesta libre
74	1	**a)** Respuesta libre: Reposición de la credencial de la biblioteca **b)** Respuesta libre: Abrir una cuenta de correo electrónico
74	2	**a)** Rojo: nombre, grado y grupo. Azul: nombre del padre, fecha y firma **b)** Rojo: nombre, dirección, teléfono, correo electrónico. Azul: banco, domicilio, fecha

Pág.	Ejer.	Respuestas
75	1	Respuesta libre
	2	**a)** maestro **b)** alumno **c)** maestro **d)** padre de familia
76	1	**a)** Para inscribirse. **b)** Para pedir libros prestados a domicilio. **c)** Para inscribirse. **d)** Para recuperar algo perdido.
	2	✔: Edad, Correo electrónico, Dirección ✘: Color favorito, Nombre de tu profesor(a), Nombre de tus padres, Nombre de tu escuela
77	3	**a)** Para que sepan cuántos alumnos van y el horario que necesitan. **b)** Tendrá mayor posibilidad de que le den la beca.
	4	**a)** Alergias del alumno, porque si algo le pica saben qué pueden darle o no. **b)** Fecha y hora de la cita, porque así sabe cuándo ir.
78	1	Dom.= Domicilio, C. P. = Código Postal, Col. = Colonia, Esc. = Escuela, SEP = Secretaría de Educación Pública, Gdo. = Grado, Gpo. = Grupo, Atte. = Atentamente, No. = Número Int. = Interior, Ext. = Exterior, INE = Instituto Nacional Electoral
79	2	**a)** Apartado **b)** Clave de registro de población **c)** Avenida **d)** Consejo Nacional de Fomento Educativo **e)** Por ejemplo **f)** Centros de Integración Juvenil
	3	**a)** S **b)** S **c)** A **d)** S **e)** A **f)** A
	4	**a)** Para no ocupar tanto espacio. **b)** Astros Diverjuega, INE. **c)** Para la foto. **d)** No. **e)** Porque así llaman más la atención unas que otras o porque unos formularios son más formales que otros. **f)** Son más llamativos los dirigidos a niños y que son informales.
80	1	**a)** La farmacia **b)** El río Libertad **c)** La primaria y el deportivo **d)** El mercado **e)** La primaria **f)** Casas particulares
	2	Respuesta libre

Pág.	Ejer.	Respuestas
81	3	**c) f) h)**
	4	Respuesta libre
82	1	Respuesta libre
	2	**a)** Al banco **b)** Al hospital y al río Libertad **c)** A la primaria
83	1	I N T E R S E C C I Ó N X G H A F S E M Á F O R O L P T E A W S E D A U J B T R W Q L P C E P M R G X B J K L I R E E V F A S S H E S C G Y J K M R L R R T U A M E R S C E C A P Ñ T A B I C R U C E R N H E E R I L V P I B E L M R T C S N Q O E M O A A B A N K C Z Q D E A L N J R E G B A O T E U I I C O I Z Q U I E R D A S I C B E C Q E T H K O B C I U N U A O F Z S I B E N T G U M A L A U G A S D F G J L T E O N A R B H G H U D E R E C H A E R C
	2	**a)** Intersección **b)** Paralelo
	3	**a)** intersección **b)** perpendicular **c)** semáforo **d)** izquierda
84	1	**a)** Palabra o palabras que definen la manualidad que se va a elaborar. **b)** Cada uno de los insumos necesarios para hacer la manualidad. **c)** Cada uno de los pasos que hay que seguir en la elaboración de la manualidad.
	2	**a)** Materiales **b)** Instrucciones
85	1	ar: apagar, cortar, borrar; er: verter, barrer, leer; ir: vivir, construir, dirigir
	2	**a)** envolver **b)** separar **c)** salir **d)** aplicar **e)** cortar **f)** regar **g)** subir **h)** hacer
	3	Respuesta libre
86	1	**a) c) d)**
	2	Respuesta libre
	3	Respuesta libre
87	1	**b) e) f) g) i)**
	2	Respuesta libre
	3	Respuesta libre

Pág.	Ejer.	Respuestas
88	1	televisivo, pensativo
	2	**b) c) d) h) i) l)**
	3	**a)** preventiva **b)** cooperativa **c)** imperativo
89	4	**b)** recreativo, recreativa **c)** compulsivo, compulsiva **d)** destructivo, destructiva **e)** contemplativo, contemplativa
	5	**a)** atractiva **b)** positivo **c)** persuasivo **d)** masivo **e)** preventivo
	7	Respuesta libre
90	1	Reír es fácil con Fes.Co, Haz la diferencia
	2	Respuesta libre
	3	Respuesta libre
91	2	**a)** – ✔ **b)** – ✔ **c)** ✔✔ **d)** ✔✔ **e)** – – **f)** – – **g)** ✔– **h)** ✔–
	3	Respuesta libre
92	1	**a)** Los reporteros del periódico entrevistaron a sus lectores. **b)** Reporteros y gente entrevistada. **c)** 17/05/2010. **d)** Monterrey, México.
93	1	**a)** 1, 3, 2 **b)** 3, 2, 1 **c)** 1, 2, 3
	2	Respuesta libre
94	1	**a)** Título **b)** Subtítulo **c)** Entrada **d)** Cuerpo de la noticia
95	1	**a)** Título **b)** Subtítulo **c)** Entrada **d)** Cuerpo de la noticia
	2	**a)** Un hombre rifa su casa, Alumnos de primaria publican sus cuentos y poemas. **b)** Hombre de la rifa, Alumnos y maestros. **c)** 06/03/10, 09/11/10. **d)** Chiapas, Pachuca. **e)** La esposa le dio la idea, Profesores de Español orientaron a sus alumnos. **f)** Si se autoriza el sorteo será el 15 de diciembre, Profesores de otros municipios imitaron la propuesta.

Pág.	Ejer.	Respuestas
96	1	**a)** Niños del cuarto año reciben una computadora como premio por su promedio escolar. **b)** Los niños premiados están contentos pues usarán esta computadora en sus tareas escolares. **c)** El director de la escuela desea extender este reconocimiento a los alumnos de quinto año
	2	Ejemplo: Niños del cuarto año reciben una fabulosa computadora como premio por su extraordinario promedio escolar, están muy contentos porque usarán esta computadora en sus tareas escolares.
97	2	**a)** H **b)** H **c)** O **d)** H **e)** O **f)** O
98	2	**a)** Metro **b)** Respuesta libre
99	3	**a)** sub **b)** Respuesta libre
	4	**a)** Subsecretaría, Respuesta libre **b)** Submúltiplo, Respuesta libre **c)** Subjefe, Respuesta libre **d)** Subsistema, Respuesta libre **e)** Subdirector, Respuesta libre
	5	Que está abajo
	6	Sub, b
	7	Respuesta libre
	8	Respuesta libre
100	1	**a)** Compraventa de productos **b)** Fiesta familiar **c)** Reunión de vecinos
101	1	Rojo: **b) e) f) h) j)** Azul: **a) c) d) g) i)**
	2	**a)** hablamos correctamente y quedamos bien con quien hablamos. **b)** informal. **c)** formal.
102	1	Tú flojeas, Él flojea, Nosotros flojeamos, Ustedes flojean, Ellos flojean / Tú hojeaste, Él hojeó, Nosotros hojeamos, Ustedes hojearon, Ellos hojearon
	2	jear
	3	jear, j
	4	ojeada, canjear, flojear

Pág.	Ejer.	Respuestas
103	1	**a)** formulario **b)** instructivo **c)** croquis **d)** anuncio
	2	**a)** av. **b)** dr. **c)** esq. **d)** tel. **e)** h. **f)** n.
	3	**a)** **c)** **d)** **e)** **f)**
	4	**a)** iva, ivo, v **b)** debajo de, b **c)** verbos, jear, j **d)** sufijo, palabra **e)** coma, palabra
104	5	**a)** imágenes grandes **c)** hay frases sugerentes **g)** poco atractivo **i)** hay poco texto **j)** letras poco llamativas
	6	**a)** La feria Divertida inauguró la Montaña Mega y el paseo en el Río Salvaje. **b)** La Gobernadora de la Ciudad de México, invitados especiales y público en general. **c)** El 30 de junio de 2019. **d)** Respuesta libre.
	7	Respuesta libre
	8	**a)** j **b)** g **c)** b **d)** b **e)** v **f)** v

Respuestas de sección: **Matemáticas**

Pág.	Ejer.	Respuestas
105	1	b) 9 c) 1 d) 8 e) 9 f) 6
	2	b) 30 c) 7 d) 2 000 e) 90 f) 10 000 g) 900 h) 3 000
106	3	a) V, b) F, c) V, d) V, e) F, f) F, g) V, h) V, i) V, j) V
107	1	b) 7 300, 7 302 c) 1 000 d) 67 035, 67 037 e) 82 099 f) 44 500, 44 502 g) 80 998, 81 000 h) 60 789, 60 791 i) 13 987, 13 989 j) 423 k) 11 999, 12 001
108	1	a) 11 227 b) 17 036 c) 10 115 d) 5 774 e)15 700 f) 9 110 g) 7 403 h) 9 500 i) 10 000 j) 19 799 k) 12 008 l) 5 000
109	1	a) 6 682 b) 7 158 c) 1 608 d) 3 636 e) 119 f) 1 789 g) 8 224 h) 2 178 i) 416 j) 720 k) 1 869 l) 29
110	1	a) 4 733 b) 8 160 c) 16 506
111	1	d) 1 079 e) 1 827 f) 11 488
112	1	

	Fracción	En forma decimal	Se lee
a)	$\frac{5}{10}$	0.5	Cinco décimos
b)	$\frac{8}{100}$	0.08	Ocho centésimos
c)	$\frac{9}{1000}$	0.009	Nueve milésimos
d)	$\frac{7}{100}$	0.07	Siete centésimos
e)	$\frac{1}{10}$	0.1	Un décimo
f)	$\frac{2}{1000}$	0.002	Dos milésimos

Pág.	Ejer.	Respuestas
113	2	

	Mantel	Enteros	.	Décimos	Centésimos
a)	Verde	10	.	4	6
b)	Rojo	9	.	5	
c)	Morado	14	.	6	1
d)	Amarillo	25	.	4	2

Pág.	Ejer.	Respuestas
	3	a) 2 b) 3 c) 4 d) 1
114	1	a) 0.955 b) 0.935 c) 1.600 d) 9.081 e) 10.632 f) 10.726 g) 8.18 h) 925.56 i) 877.838 j) 9.744 k) 35.109 l) 617.914
115	2	a) 201.54 b) 462.5 c) 9 579.1 d) 126.56 e) 298.13 f) 28 399.8

Pág.	Ejer.	Respuestas
116	1	a) b) 57 52 47 42 37 32 27 c) Aumentar una manzana y quitar una flor, restar 5 a cada número y dejar un cuadro blanco y uno sombreado. d) 21, 10 y 3.
	2	
117	1	a) El show de un payaso. b) No, porque sólo trabaja los fines de semana. c) Reír jugando. d) $4 500. e) Contar cuentos. f) Sí, porque son vacaciones.
118	1	a) cuartos b) tercios c) 8 partes iguales
	2	a) pan, b) cuna
119	3	

		Fracción	Se lee
a)		$\frac{1}{4}$	Un cuarto
b)		$\frac{4}{6}$	Cuatro sextos
c)		$\frac{8}{10}$	Ocho décimos
d)		$\frac{5}{7}$	Cinco séptimos
e)		$\frac{7}{9}$	Siete novenos
f)		$\frac{3}{8}$	Tres octavos

Pág.	Ejer.	Respuestas
120	1	a) 13 b) 40.0 c) 14 d) 2.50
	2	a) $59.64 b) $40.90
121	2	c) Para comprar la pelota. d) Posible respuesta: Para la muñeca, los colores y el trompo y para la muñeca, colores y globo. e) trompo, globo, carrito, pelota, colores, muñeca
122	1	a) 1, 3, 6, 4, 2, 5 b) 5, 1, 2, 3, 4, 6

Pág.	Ejer.	Respuestas
123	1	**a)** Equilátero, los 3 lados miden 3 cm. **b)** Isósceles, lados A y B miden 2.5 cm, y C 2 cm. **c)** Escaleno, Lados: A mide 3 cm, B mide 2 cm, y C mide 4 cm.
124	2	
	3	
125	4	**a)** Triángulo isósceles **b)** Triángulo rectángulo (Respuesta muestra).
	5	
126	1	Respuesta libre
	2	**a)** Álex: 4:40 a.m. Lalo: 4:40 horas David: 20 minutos para las 5 de la mañana. **b)** Álex: 1:44 a.m. Lalo: 13:44 horas David: 16 minutos para las 2 de la tarde. **c)** Álex: 9:55 p.m. Lalo: 21:55 horas David: 5 minutos para las 10 de la noche.

Pág.	Ejer.	Respuestas
127	3	
	4	**a)** 3 **b)** 4:15 **c)** 2 horas **d)** 3:35 **e)** 45 minutos **f)** bañarse y vestirse **g)** 1 hora ¼
128	5	**a)** 12 meses **b)** 28, 29, 30 o 31 **c)** enero, marzo, mayo, julio, agosto, octubre y diciembre **d)** febrero
	6	**a)** viernes **b)** martes **c)** 4 **d)** Sí, porque tienen 29 días.
129	7	**a)** 20 de febrero **b)** 21 de marzo **c)** los que cantarán irán los días: 6, 13, 20 y 27 **d)** jueves **e)** domingo 29 de marzo
	8	**a)** Primavera **b)** Otoño **c)** 24 de febrero **d)** Verano **e)** 16 de septiembre
130	1	**a)** 1.5 **b)** 11.1 **c)** 4.1 **d)** 5.4
	2	**a)** 0.5 **b)** 1.5 **c)** 2.3 **d)** 3.5 **e)** 0.8 **f)** 2.5 **g)** 5.0 **h)** 8 **i)** 0.1
131	1	**a)** 2 292 **b)** 1 944 **c)** 3 100 **d)** 3 444 **e)** 1 068 **f)** 4 865 **g)** 9 032 **h)** 4 386 **i)** 9 432 **j)** 8 098
132	1	**a)** 9 **b)** 7 **c)** 7 **d)** 6 **e)** 8 **f)** 7 **g)** 9 **h)** 7 **i)** 7 **j)** 5 **k)** 8 **l)** 4
133	1	**a)** 1 122 **b)** 13 **c)** 36 240
134	1	
135	1	**b)** Chismetel, 30 megapíxeles, 103 mm, 47.5 mm, 20 mm, 12 horas, 16 gigabyte, 180 g, $1 200 **c)** Charlatel, 30 megapíxeles, 98.5 mm, 48.5 mm, 17 mm, 15 horas, 33 gigabyte, 111 g, $ 3 847
	2	**a)** Charlatel, 33 gigabyte **b)** Chismetel, 180 g **c)** Charlatel, 15 horas

Pág.	Ejer.	Respuestas
136	1	**a)** 1 500　**b)** 16 000　**c)** 78 702 **d)** 56 304　**e)** 72 007　**f)** 80 340
136	2	**1)** d) equilátero　**2)** b) isósceles **3)** c) triángulo rectángulo **4)** a) escaleno
137	3	Sandra = 31.40 Tere = 32.60. Gastaron $64.00
137	4	Aldo = 11.60 Sandra = 26.40 Tere = 12.50
138	5	
139	1	**a)** diecinueve mil novecientos ocho **b)** La laptop **c)** 9 **d)** veinticuatro mil seis **e)** La lavadora **f)** 10 064, 10 257, 17 802, 19 908, 24 006 **g)** 80 000 **h)** lavadora y laptop
140	1	**b)** 30 + 4　**c)** 800 + 90 + 7 **d)** 7 000 + 900 + 10 + 2 **e)** 2 000 + 0 + 0 + 0 **f)** 6 000 + 400 + 0 + 2 **g)** 20 000 + 3 000 + 200 + 0 + 2 **h)** 80 000 + 7 000 + 0 + 30 + 4 **i)** 40 000 + 7 000 + 800 + 0 + 7 **j)** 20 000 + 0 + 100 + 0 + 8
141	2	**b)** 2 000, 500, 40, 5 **c)** 30 000, 3 000, 500, 10, 1 **d)** 20 000, 3 000, 100, 60, 6 **e)** 800, 30, 4 **f)** 10, 2 **g)** 50 000, 6 000, 30, 3

Pág.	Ejer.	Respuestas
142	1	**b)** Obtuso　**c)** Agudo　**d)** Recto **e)** Obtuso　**f)** Agudo
143	3	**a)** 70°　**b)** 130°　**c)** 90°　**d)** 70°
143	4	**a)** b　**b)** a y d　**c)** c
144	5	
145	1	**1)** El de la letra E **2)** 10 cuadros **3)** 12 cuadros **4)** Sugerencia de respuesta: porque tiene líneas curvas **5)** Dibujos libres
146	1	**Menor:** uno, dos mil, siete mil veinticinco, seis mil tres. **Igual:** cincuenta mil. **Mayor:** 99 000, 86 050, cincuenta mil dos, sesenta y un mil.
146	2	**a)** >　**b)** >　**c)** <　**d)** =　**e)** <　**f)** < **g)** =　**h)** >
147	1	
148	1	**Propias:** b), d), i), n), r), t) **Impropias:** c), e), g), h), j), k), o), p), q), s) **Mixtas:** a), f), l), m)

Pág.	Ejer.	Respuestas
149	2	

a)
b)
c)
d)
e)
f)

Pág.	Ejer.	Respuestas
150	1	
151	2	**a)** $^1/_2$ **b)** $^1/_4$ **c)** $^1/_8$ **d)** $^2/_4$, $^4/_8$ **e)** Equivalentes.
	3	$^1/_3$, $^2/_6$
152	4	**a)** $^6/_{18}$, $^9/_{27}$, $^{12}/_{36}$ **b)** $^8/_{10}$, $^{12}/_{15}$, $^{16}/_{20}$
	5	$^4/_{16}$ **a)** $^1/_4$
	6	**a)** $^4/_6$, $^8/_{12}$, $^{20}/_{30}$ **b)** $^{12}/_{10}$, $^6/_5$, $^{18}/_{15}$
	7	$^3/_4 = c$, $^1/_2 = b$, $^6/_{10} = a$
153	1	
	2	**b)**
154	1	**a)** \$425 **b)** 304 refrescos **c)** \$10

Pág.	Ejer.	Respuestas
155	1	**d)** Faltan cinco bolsas
	2	**a)** Falta el dato de cuántas páginas tiene cada capítulo. **b)** Falta saber el número de primos a los que envió las fotos. **c)** Sobra el dato de cuántos días después recibieron las respuestas.
	3	Multiplicación porque sería más rápido que sumar.
	4	Respuesta sugerida: Una caja tiene 250 pelotas, ¿cuántas pelotas habrá en 4 cajas?
156	2	**a)** rectángulo, cuadrado, rombo y trapecio **b)** rectángulo y cuadrado **c)** rectángulo
	3	**a)** rombo, hexágono, pentágono, trapecio, triángulo equilátero y triángulo isósceles **b)** triángulo equilátero y triángulo isósceles **c)** triángulo equilátero
157	1	**a) d) f) g) h)**
	2	
158	1	**a)** José Luis **b)** Carolina **c)** Carolina **d)** José Luis **e)** José Luis **f)** Carolina **g)** Carolina **h)** Carolina **i)** José Luis **j)** Carolina **k)** Carolina

Pág.	Ejer.	Respuestas
159	1	
160	1	**a)** 1 550 **b)** $3 \times 10\,000 + 5 \times 1\,000 + 9 \times 10 + 8 \times 1 = 35\,098$ pesos
	2	**a)** transportador **b)** recto **c)** agudo **d)** obtuso
161	3	**b)** > **c)** < **d)** < **e)** > **f)** > **g)** < **h)** = **i)** = **j)** >
	4	**a)** F **b)** V **c)** V **d)** V **e)** V
162	1	**b)** F **c)** V **d)** F **e)** V **f)** F **g)** V **h)** V **i)** F
163	3	**c)** Jícama **d)** Papaya
164	1	**a)** $\frac{3}{4}$ **b)** $\frac{7}{8}$ **c)** 1 **d)** $\frac{9}{10}$ **e)** $\frac{5}{6}$ **f)** $\frac{4}{3}$ **g)** $\frac{3}{4}$ **h)** 1 **i)** $\frac{5}{6}$ **j)** $\frac{5}{8}$
165	1	**a)** $\frac{3}{10}$ **b)** $\frac{13}{8}$ **c)** $\frac{9}{20}$ **d)** $\frac{5}{18}$ **e)** $\frac{5}{8}$ **f)** $\frac{11}{24}$ **g)** $\frac{5}{7}$ **h)** $\frac{9}{8}$ **i)** $\frac{3}{8}$ **j)** $\frac{11}{10}$

Pág.	Ejer.	Respuestas
166	1	a) $\dfrac{5}{6}$ b) $\dfrac{4}{7}$ c) $\dfrac{8}{5}$
167	1	d) $\dfrac{5}{8}$ e) $\dfrac{1}{3}$ f) $\dfrac{1}{3}$
168	1	a) 360 b) 1 000 c) 820 d) 960 e) 840 f) 620 g) 630 h) 1 760 i) 1 920 j) 4 450
169	2	a) 1 702 b) 6 952 c) 3 312 d) 3 690 e) 7 452 f) 5 432 g) 3 920 h) 1 512 i) 6 831
170	1	a) 4 462 b) 980 c) 2 664
171	2	a) 3 780 b) 2 425 c) 1 830
172	1	a) 4 + 4 + 4 = 12 cm b) 5 + 5 + 5 + 5 = 20 cm
173	1	c) 6 + 3 + 6 + 3 = 18 cm d) 7 + 3 + 3 + 3 = 16 cm e) 6 + 3 + 3 + 6 + 3 = 21 cm f) 3 + 5 + 6 = 14 cm
174	1	a) 3 b) 5 c) 15 d) El total de refrescos es igual al número de filas por el número de columnas. e) 8, 4, filas por columnas = 8 × 4 = 32 resultado = 32 chocolates f) 60
174	2	a) Área igual a base por altura.
175	3	a) 8 cm² b) 15 cm²
176	1	a) 28 b) 1 c) 13 d) 50 e) 11 f) 60 g) 2 h) 20 i) 4
177	2	a) 21 b) 131 c) 86 d) 129 e) 119 f) 755 g) 53 h) 82 i) 50
178	1	a) • División. • Porque se va a repartir una cantidad. • **Resultado:** 27 equipos. • El divisor indica cuántas partes se repartirá de la cantidad y el dividendo indica la parte que se repartió. b) • **Resultado:** 16 banderas. • Encerrar con un color 4 billetes, y con otro color los otros 4. • $400. • Sí. $30. • No, porque no les alcanza para otra bandera.

Pág.	Ejer.	Respuestas
179	1	c) 7 camiones d) • 4 horas • 60 • Porque es el número de minutos que dura una hora. e) 8 medicamentos
179	2	Respuesta libre
180	1	Colorear farmacia
180	2	Marcar donde está el banco
180	3	Respuesta libre
181	4	Respuesta sugerida: Dos calles al este sobre Degollado, cuatro calles al norte sobre Eje 1 y después una calle al oeste sobre la calle de Estrella.
181	5	Respuestas sugeridas: Dos calles al norte y una al este o una calle al este y dos calles al norte.
181	6	a) Héroes b) Zaragoza y Eje 1 c) El sur y al oeste d) Álex
182	1	24
182	2	a) Futbol | Niños	Clase
---	---
43	Baile
51	Pintura
65	Teatro
71	Karate
96	Futbol	 b)
183	3	
183	4	a) 2 050 b) 1 197 c) 7 715 d) 8 100 e) 3 500 f) 2 000 g) 1 602 h) 2 400 i) 1 500 j) 3 200
184	1	a) Tazones. b) El que está en la caja. c) dos. d) Dos semanas cuatro días.

Pág.	Ejer.	Respuestas
185	1	c) 14 d) 24 e) 32 f) 42 g) 45 h) 25 i) 36 j) 39 k) 30 l) 60 m) 69 n) 66 o) 55 p) 85 q) 86 r) 96 s) 94 t) 74 u) 72 v) 82 w) 83 x) 93 y) 91 z) 21
186	2	a) 118 b) Pared 91 y adorno 90 c) 5/6 d) 2/3

Respuestas de sección: **Ciencias Naturales**

Pág.	Ejer.	Respuestas
187	1	Respuestas libres
	2	verduras y frutas, leguminosas y alimentos de origen animal, cereales, seis y ocho
188	3	Respuesta libre
	4	Respuesta libre
	5	
189	1	óseo, permite el movimiento del cuerpo, practicar deportes, **Aparato circulatorio**, Función:, corazón / arterias/ venas, Evitar sobrepeso y obesidad.
	2	4, 3, 5, 1, 2
190	3	**a)** nariz / calienta / humedece **b)** baja / laringe / faringe / tráquea / pulmones / absorben / oxígeno / expulsar / dióxido de carbono **c)** alveólos / produce / a la sangre / recoge / exterior
	4	**a)** sangre / arterias / venas / corazón **b)** células / desecho
191	1	**a)** 3 **b)** 9 **c)** 10 **d)** 1 **e)** 5 **f)** 8 **g)** 2

Pág.	Ejer.	Respuestas
192	1	**a)** aparato circulatorio **b)** aparato locomotor **c)** aparato circulatorio **d)** aparato respiratorio **e)** aparato digestivo **f)** aparato digestivo **g)** aparato circulatorio **h)** aparato digestivo **i)** aparato respiratorio **j)** aparato reproductor **k)** aparato locomotor **l)** aparato digestivo **m)** aparato reproductor **n)** aparato reproductor
193	1	
	2	**a)** pistilo **b)** androceo **c)** estambre
194	3	**a)** asexual **b)** asexual **c)** sexual **d)** asexual **e)** sexual **f)** sexual
195	1	**a)** vivíparo **b)** ovíparo **c)** vivíparo **d)** ovíparo **e)** ovíparo **f)** vivíparo
	2	**a)** V **b)** V **c)** F **d)** V **e)** F
196	1	**productores**: pasto, árbol **primarios**: mariposa, grillo **secundarios**: ratón, sapo **terciarios**: serpiente, águila, búho **descomponedores**: hongos, bacteria
	2	Respuesta libre
197	1	

Pág.	Ejer.	Respuestas
198	1	**a)** V **b)** V **c)** F **d)** V **e)** F **f)** V **g)** F **h)** V
	2	**a)** reciclar **b)** reducir **c)** reusar
	3	Respuestas libres
199	1	**a)** sólido **b)** gaseoso **c)** líquido
	2	líquido: forma / alejadas / volumen sólido: definida / juntas / dureza gaseoso: unidas / contiene / expansión
200	1	Respuesta libre
	2	**d) b) e) a) c)**
201	1	**a)** casa **b)** fábrica o industria **c)** casa **d)** taller **e)** casa **f)** taller **g)** fábrica o industria
	2	**Café**: seda, lana **Verde**: corcho, algodón, madera **Rojo**: mármol, oro, arcilla
	3	Respuesta libre
202	1	**Refracción**: fabricación de anteojos, binoculares, lupa, telescopio, cámara de video **Reflexión**: espejos para el arreglo personal, funcionamiento del periscopio, imagen de un pescador en la superficie del agua, color blanco
	2	**a)** hidráulica **b)** solar **c)** eólica
203	3	**a)** V **b)** V **c)** F **d)** F **e)** V
	4	**a)** inducción **b)** frotamiento **c)** contacto
204	1	Respuesta libre
	2	a) ✗ b) ✔ c) ✗ d) ✔ e) ✔ f) ✗
	3	**a)** 4 **b)** 5 **c)** 3 **d)** 2 **e)** 6 **f)** 1
205	1	Luna, satélite natural, rotación y traslación, 28 días
	2	Luna nueva: **c)** Cuarto menguante: **a)** Cuarto creciente: **b)** Luna llena: **d)**
206	1	Título: Eclipse de Sol, De izquierda a derecha: Tierra, Luna, Sol
	2	Respuesta libre
207	1	Respuesta libre
	2	Respuesta libre
	3	**a) c)**
	4	Respuesta libre

Pág.	Ejer.	Respuestas
208	1	**a)** aparato locomotor **b)** aparato circulatorio **c)** aparato digestivo **d)** aparato respiratorio
	3	**a)** cereales y leguminosas **b)** cereales **c)** verduras y frutas
	2 4	Respuestas libres
209	5	Respuesta libre
	6	movimiento, continuo, evapora, vapor, lluvia, suelo
	7	Respuesta libre
	8	**a)** contacto **b)** inducción **c)** frotamiento
	9	Luna llena, Luna nueva, Cuarto menguante, Cuarto creciente
	10	Respuesta libre

Respuestas de sección: **Historia**

Pág.	Ejer.	Respuestas
210	1	Respuesta libre
	2	Respuesta libre
	3	Respuesta libre
	4	Respuesta libre
	5	Respuesta libre
211	1	
	2	
	3	Línea del tiempo en la que se indique que duró entre 40 000 y 6000 a. C.
212	1	Nómadas: se dedicaban a la caza, pesca y recolección de frutos / Su refugio eran cuevas y chozas / Se protegían con la piel de los animales. Utilizaban piedras afiladas, hachas y huesos para cazar y cortar. Sedentarios: nacen las primeras aldeas / Se establecieron de forma permanente en un lugar / Son agricultores, domestican animales / Elaboran utensilios de barro y vestido.
213	1	maíz, chile, aguacate, amaranto, frijol y chayote
	2	b) c) d) e) g)
	3	Respuesta libre
214	1	Ubicación: centro y sur de México y parte de América Central. Clima: templado y cálido. Actividades: agricultura, domesticación de animales y alfarería. Tipo de cultivos: maíz, chile, aguacate, chayote, amaranto.
	2	Clima: extremoso, mucho frío por la noche y excesivo calor en el día. Vegetación: pastos, xerófitas, cactáceas y coníferas. Actividades: caza, pesca, recolección y la guerra. Artefactos: arco y flecha.

Pág.	Ejer.	Respuestas
215	3	Clima: caluroso y escasas lluvias. Actividades: agricultura, caza, recolección y comercio.
	4	
	5	Oasisamérica: c) f) g) Aridoamérica: b) e) Mesoamérica: a) d) h) i)
216	1	Clásico: 200 a 900 d.C., cultura zapoteca y maya Posclásico: 900, cultura mexica, mixteca y purépecha
	2	a) Veracruz y Tabasco b) Yucatán, Tabasco y Chiapas c) Michoacán, Jalisco, sur de Guanajuato, Guerrero, Querétaro, Colima y Edo. de México. d) Edo. de México. e) Oaxaca, Puebla y Guerrero f) Guerrero y Puebla g) Hidalgo h) Ciudad de México
217	1	preclásico / Veracruz / Tabasco / antigua / jaguar / cabezas / esculturas
	2	Respuesta libre
	3	El estudio de los restos de sus creaciones hace pensar que fue la cultura más influyente en toda Mesoamérica, pues fueron los primeros que construyeron grandes centros ceremoniales.
	4	Chapopote

Pág.	Ejer.	Respuestas
218	1	Período de crecimiento: Clásico de 150 a 750 d. C. Material que usaban los artesanos. Grupos sociales: Sacerdotes, guerreros, comerciantes, artesanos, agricultores. Actividad económica: Abundante producción agrícola, comercio. Productos que elaboraban los artesanos: Utensilios para el trabajo, armamento, utensilios de barro para la vida diaria. Su decadencia se debió a: Invasiones de otros pueblos, sobreexplotación de recursos naturales.
219	2	**Cultura zapoteca** Período: Clásico Grupos sociales: gobernantes–sacerdotes, comerciantes, guerreros, artesanos, campesinos y prisioneros de guerra Actividades económicas: Agricultura **Cultura mixteca** Ubicación: Oaxaca, parte de Guerrero y Puebla Período: Posclásico 900 a 1521 d. C. Grupos sociales: gobernante, principales, hombres libres, terrazgueros o campesinos, sirvientes y esclavos Actividades económicas: Orfebrería Religión: Politeísta
219	3	**a)** Península de Yucatán, Tabasco y Chiapas. **b)** mayor desarrollo de todas las culturas aborígenes americanas. **c)** astrónomos. **d)** 250 a 900 d. C.
219	4	Respuesta libre
220	5	**a)** - **f)** **b)** - **h)** **c)** - **g)** **d)** - **i)** **e)** - **j)** **k)** - **m)** **l)** - **n)** y **o)**
221	6	**a)** los pueblos de Texcoco y Tacuba / la triple Alianza **b)** Tlatoani, **c)** tributo **d)** la guerra **e)** Huitzilopochtli
221	7	**a)** V **b)** V **c)** F **d)** V **e)** F **f)** F **g)** V **h)** V
222	1	

Pág.	Ejer.	Respuestas
223	1	**a)** **c)** **d)** **e)** **f)** **g)** **j)** **l)** **m)** **o)** **q)** **r)**
223	2	**a)** indígena **b)** Europa **c)** indígena **d)** Europa **e)** Asia **f)** Europa **g)** indígena **h)** Asia **i)** Europa **j)** indígena
224	1	Cortés, mesoamericanas, mexicas
224	2	**a)** Creación de los presidios **b)** Evangelización-construcción de misiones **c)** Guerras prolongadas
225	1	**Rey de España** **Consejo de Indias**: Real Hacienda / las leyes **Virrey de Nueva España** **Casas de Contratación**: el comercio entre España y la Nueva España **Audiencias** **Gobernadores**: administraban las provincias **Cabildo o Ayuntamiento** **Iglesia** / evangelización / creación de hospitales / indígenas
226	1	**b)** 5-castas **c)** 3-mestizos **d)** 4-indígenas **e)** 2-criollos **f)** 6-africanos
227	2	plata, maíz / indígenas, vacas, algodón, puertos / plazas
227	3	**a)** castas **b)** criollos **c)** africanos **d)** indígenas **e)** mestizos
227	4	Respuesta libre
228	1	**a)** V **b)** V **c)** F **d)** V **e)** F
228	2	**a)** la franciscana **b)** Todas las personas **c)** pocos explotados **d)** a toda la población **e)** en todos los aspectos
229	1	**a)** Napoleón Bonaparte invade España **b)** Guerra de España contra Inglaterra y Francia **c)** Difusión del pensamiento ilustrado **d)** Descontento de los criollos
230	2	
230	3	Valladolid: **c)** y **b)** Querétaro: **d)** y **a)**
230	4	4, 1, 5, 2, 3
231	5	**Insurgente**: Nueva España / Miguel Hidalgo e Ignacio Allende / social / leyes justas. **Realista**: España / Felix María Calleja y Agustín de Iturbide.

Pág.	Ejer.	Respuestas
232	6	
233	7	**a)** José María Morelos y Pavón. Siguió la lucha en el sur del país y organizó el Congreso de Chilpancingo. **b)** Vicente Guerrero. Siguió la lucha en el sur del país y derrotó en varias ocasiones al ejército realista. **c)** Guadalupe Victoria. Luchó en algunas localidades del estado de Veracruz. Fue el primer presidente de México.
	8	**a)** E **b)** I **c)** E **d)** I **e)** I **f)** I **g)** E **h)** E
234	1	Respuesta libre que mencione que fue durante el último periodo de glaciaciones ya que el nivel del mar bajó a tal punto que se formó un puente, el cual permitió que grupos de seres humanos y animales cruzaran de Asia a América, del actual territorio de Siberia hacia Alaska.
	2	Respuesta libre que incluya la permanencia o no permanencia en un lugar; la domesticación de animales; los nómadas vivían de la caza y recolección, los sedentarios empezaron a cultivar la tierra.
	3	**a)** Mesoamérica, **b)** Oasisamérica, **c)** Aridoamérica
	4	

Pág.	Ejer.	Respuestas
235	5	Respuesta libre, por ejemplo: **a)** olmeca: Fueron excelentes escultores / cabezas colosales de piedra. **b)** teotihuacana: Se ubicaron en el Altiplano Central. **c)** zapoteca: Construyeron Monte Albán. **d)** mixteca: Considerados los mejores artesanos de Mesoamérica. **e)** maya: Excelentes astrónomos. **f)** tolteca: Predominio de la casta militar. **g)** mexica: Formaron la Triple Alianza para rebelarse contra el señor de Azcapotzalco. **h)** purépecha: Enemigos del imperio mexica.
	6	Respuesta libre
	7	Respuesta libre que incluya por ejemplo: **a)** Miguel Hidalgo: sacerdote que inició la primera etapa de la guerra de Independencia. **c)** José María Morelos: continuó la lucha en el sur y organizó el Congreso de Chilpancingo. **d)** Guadalupe Victoria: primer presidente de México.

Respuestas de sección: **Geografía**

Pág.	Ejer.	Respuestas
236	2	Estados Unidos Mexicanos / República Mexicana / México / Estados Unidos de América / Guatemala / Belice / Golfo de México / Océano Pacífico / Mar Caribe
237	1	a) Indica el lugar o el tema que se representa en el mapa. b) Rosa de los vientos u orientación. c) Indica el significado de los símbolos, signos o colores presentes en el mapa. d) Escala numérica. e) Es una especie de regla que permite calcular la distancia entre dos puntos o lugares representados en el mapa. f) Coordenadas geográficas.
238	1	
238	2	a) Baja California, Sonora, Chihuahua, Coahuila, Nuevo León y Tamaulipas b) Norte: río Colorado Sur: río Suchiate, Volcán Tacaná, río Hondo y río Azul c) Isla Guadalupe, Isla Cedros, Isla Ángel de la Guarda, Isla Tiburón, Islas Marías e Islas Revillagigedo d) Tamaulipas, Veracruz, Tabasco, Campeche y Yucatán
239	1	Aguascalientes, Baja California, Baja California Sur, Campeche, Chiapas, Chihuahua, Ciudad de México, Coahuila, Colima, Durango, Guanajuato, Guerrero, Hidalgo, Jalisco, México, Michoacán, Morelos, Nayarit, Nuevo León, Oaxaca, Puebla, Querétaro, Quintana Roo, San Luis Potosí, Sinaloa, Sonora, Tabasco, Tamaulipas, Tlaxcala, Veracruz, Yucatán, Zacatecas
239	2	Respuesta libre

Pág.	Ejer.	Respuestas
240	1	Aguascalientes-Aguascalientes, Baja California-Mexicali, Baja California Sur-La Paz, Campeche-Campeche, Chiapas-Tuxtla Gutiérrez, Chihuahua-Chihuahua, Coahuila-Saltillo, Colima-Colima, Durango-Durango, Guanajuato-Guanajuato, Guerrero-Chilpancingo, Hidalgo-Pachuca, Jalisco-Guadalajara, México-Toluca, Michoacán-Morelia, Morelos-Cuernavaca, Nayarit-Tepic, Nuevo León-Monterrey, Oaxaca-Oaxaca, Puebla-Puebla, Querétaro-Querétaro, Quintana Roo-Chetumal, San Luis Potosí-San Luis Potosí, Sinaloa-Culiacán, Sonora-Hermosillo, Tabasco-Villahermosa, Tamaulipas-Ciudad Victoria, Tlaxcala-Tlaxcala, Veracruz-Xalapa, Yucatán-Mérida, Zacatecas-Zacatecas
241	1	Naturales: a) f) Sociales: b) d) Culturales: g) j) Económicos: c) h) Políticos: i) e)
241	2	Respuesta libre
242	1	Respuesta libre
242	2	a) Respuesta libre. Urbana, tiene que ver con mejorar el ambiente. b) Respuesta libre. Urbana y rural, en ambas comunidades puede haber malos hábitos de alimentación.
243	1	a) Sí b) No c) Sí d) Sí e) Sí f) No g) Sí
243	2	Respuesta libre
244	1	Rojo: Estado de México Verde: Ciudad de México

Pág.	Ejer.	Respuestas
245	2	**a)** 1) Ciudad de México, 1 484/6 010 2) Estado de México, 22 333/724.8 3) Morelos, 4 892/389.1 **b)** 1) Chihuahua, 247 487/14.3 2) Durango, 123 367/14.2 3) Baja California Sur, 73 943/9.6
	3	Grande: Chihuahua con 247 487 km^2 Pequeña: Ciudad de México con 1 484 km^2
	4	**a)** F **b)** V **c)** V **d)** F **e)** F **f)** V
246	1	**a)** llanura **b)** montaña **c)** valle **d)** meseta
	2–8	Respuesta libre
247	1	Respuesta libre
	2	río Nazas, río Aguanaval, río Lerma
	3	Chiapas y Tabasco
248	1	Respuesta libre
	2	Respuesta libre
	3	Respuesta libre
	4	**a)** Abundante y conformada por muchos árboles grandes, numerosas lianas y plantas menores. **b)** Jaguar, ocelote, tapir, guacamaya, mono araña, saraguato, venado, etc. **c)** Escasa con especies resistentes a la falta de agua, en especial cactos y nopales. **d)** En las zonas templadas.
249	1	Respuesta libre
	2	Respuesta libre
250	1	Respuesta libre
	2	Respuesta libre
	3	Petróleo
	4	Respuesta libre
251	1	agricultura / consumo / alimentación / primas / cereales / frutas
	2	**a)** porcino **b)** ovino **c)** caprino **d)** avícola **e)** bovino
	3	**a)** V **b)** V **c)** F **d)** F **e)** V
	4	Respuesta libre

Pág.	Ejer.	Respuestas
252	1	La respuesta debe incluir Sonora, Chihuahua, Coahuila, Durango, Jalisco, Zacatecas, Guanajuato, Querétaro, Hidalgo, Guerrero, Michoacán, Estado de México
	2	La respuesta debe incluir Tamaulipas, Nuevo León, Jalisco, Aguascalientes, Veracruz, Tabasco, Chiapas, Campeche, Guerrero, Tlaxcala, Puebla, Estado de México, Morelos, Michoacán, Colima, Sinaloa
	3	La respuesta debe incluir Yucatán, Quintana Roo, Campeche, Chiapas, Guerrero, Oaxaca, Guanajuato, San Luis Potosí, Tabasco, Veracruz, Sinaloa, Baja California Sur, Morelos, Michoacán, Ciudad de México, Estado de México
	4	Monterrey y Guadalajara
	5	Respuesta libre
253	1	Respuesta libre
	2	Que se mencione el relieve montañoso y otros accidentes geográficos.
	3	Respuestas de acuerdo con el mapa
	4	Respuestas de acuerdo con el mapa
	5	Respuesta libre
	6	Respuesta libre
254	1	**b)** **d)** **e)**
	2	Respuesta libre
	3	Mayor: Ciudad de México, Nuevo León, Coahuila. Menor: Chiapas, Oaxaca, Guerrero
255	1	Respuesta libre
	2	Respuesta libre
	3	Respuesta libre
256	1	**a)** Baja California Sur **b)** Sonora **c)** Nuevo León **d)** Michoacán **e)** México y Puebla **f)** Chiapas **g)** Campeche **h)** Chihuahua **i)** Quintana Roo **j)** Baja California

Pág.	Ejer.	Respuestas
257	1	N P D D W N S W K N / A D U T T H E C H H / C F E P D W Q A I E / A S R S M C U G S L / R I T K L U Í U H A / U S U H S A A F B D / H M H C I F V J G A / F O D I F Z D E F W / E X P L O S I O N R / I N C E N D I O M J
	2	Respuesta libre
	3	Respuesta libre
258	1	(crucigrama) PLACAS — LAGO — EPICENTRO — GRIETAS — ERUPCIÓN — JAPÓN
	2	Respuesta libre
259	1	Al norte Estados Unidos, al sur Belice y Guatemala, al oeste Océano Pacífico y al este Golfo de México.
	2	Los nombres de los estados
	3	Respuesta libre
260	4	**a)** Chihuahua **b)** Ciudad de México **c)** Estado de México **d)** Colima **e)** y **f)** Respuestas libres
	5	**a)** seco **b)** tropical **c)** frío
	6	Respuesta libre
	7	Respuesta libre
	8	Respuesta libre

Respuestas de sección: **Educación Cívica y Ética**

Pág.	Ejer.	Respuestas
261	1	Respuesta libre
	2	Respuesta libre
	3	Respuesta libre
	4	Respuesta libre
	5	Respuesta libre
262	1	Respuestas libres, ejemplo: Abrir la puerta, Abrir el envase, Sentarse.
	2	Respuestas libres, ejemplo: **a)** Ayudarle a cargar los paquetes y abrirle la puerta. **b)** Ayudarle a abrir el refresco. **c)** Cederle mi lugar para que se siente.
	3	Respuesta libre
	4	Respuesta libre
263	5	**1)** b **2)** d **3)** a **4)** c
264	1	Respuesta libre
	2	Respuesta libre
	3	Respuesta libre
	4	**b) c) f)**
265	1	**a)** Respuesta libre, ejemplo: Se puede dar cuenta y dejaría de confiar en él. **b)** Respuesta libre, ejemplo: Mal, porque perdió la confianza de su amigo. **c)** Respuesta libre, ejemplo: Su amigo se puede enojar, pero agradecería su honestidad. **d)** Respuesta libre, ejemplo: Bien, por haber sido honesto.
266	2	Colorear: tablones donde está la comida con los manteles, vasos, botellas de refresco, cinco de las diez cacerolas, y las cuatro bocinas.
	3	No
267	5	Los platos y los cubiertos
	6	Respuesta libre, ejemplo: Podemos afectar a otros, ya que esperaban nuestra participación.
268	1	**a)** Respuesta libre, ejemplo: Acapulco. **b)** Respuesta libre, ejemplo: Ciudad de México. **c)** Respuesta libre, ejemplo: Oaxaca. **d)** Respuesta libre, ejemplo: Chihuahua.

Pág.	Ejer.	Respuestas
269	2	Sí
	3	**a)** Tajín **b)** Teotihuacán **c)** Árbol del Tule **d)** Palacio de Bellas Artes **e)** Uxmal **f)** Cerro de la Silla **g)** Casa de la Corregidora
270	1	Respuestas libres
271	2	**a) c) d)**
	3	**a)** equidad de género. **b)** votar. **c)** pueden trabajar fuera del hogar. **d)** en las tareas del hogar.
272	2	**b)** Respuesta libre, ejemplo: Tienen gustos diferentes. **c)** Respuesta libre, ejemplo: Toño deja ver a su hermano la final del futbol que porque es un evento importante y la próxima vez Pepe cede y deja ver a su hermano lo que él quiera.
273	1	Respuesta libre
	2	Respuesta libre
274	1	Respuesta libre; puede elegir todas las opciones.
	2	Respuesta libre
275	1	**a) b) e) g) h)**
	2	**a) b) c) d)**
277	2	**a)** 3 **b)** 1 **c)** 7 **d)** 2 **e)** 5 **f)** 4 **g)** 8, **h)** 6
278	1	**a)** a la alcaldía. **b)** las familias. **c)** proteger a la comunidad. **d)** el administrador del edificio.
279	1	Rojo: **a) c) d) f)** Azul: **b) e) g) h)**
280	1	**a) c) d) f)**
	2	Respuesta libre, ejemplo: Porque en equipo es más fácil solucionarlo.
	3	Respuestas libres, ejemplo: Hacer una rifa. Vender fruta en el recreo. Ahorrar.